多维视角下大学语文教学理论与路径探索研究

张树军 ◎ 著

北京工业大学出版社

图书在版编目（CIP）数据

多维视角下大学语文教学理论与路径探索研究 / 张树军著．— 北京 ：北京工业大学出版社， 2019.7（2021.4 重印）
ISBN 978-7-5639-6905-0

Ⅰ．①多… Ⅱ．①张… Ⅲ．①大学语文课—教学研究 Ⅳ．①H193

中国版本图书馆 CIP 数据核字（2019）第 142946 号

多维视角下大学语文教学理论与路径探索研究

著　　者：张树军
责任编辑：李俊焕
封面设计：点墨轩阁
出版发行：北京工业大学出版社
（北京市朝阳区平乐园 100 号　邮编：100124）
010-67391722（传真）　bgdcbs@sina.com
经销单位：全国各地新华书店
承印单位：三河市嵩川印刷有限公司
开　　本：710 毫米 ×1000 毫米　1/16
印　　张：10.25
字　　数：200 千字
版　　次：2019 年 7 月第 1 版
印　　次：2021 年 4 月第 2 次印刷
标准书号：ISBN 978-7-5639-6905-0
定　　价：55.00 元

前　言

现在大学语文教学中仍然存在一些弊端，一些教师仍采用“满堂灌”“一言堂”的教学方式，由于缺少学生的参与，没有互动，教学效果大打折扣。教师必须改变传统教学法，注意运用创新性思维，采用灵活多样的教学方式，提高课堂教学效率。同时，教师还要不断更新教学理念，与时俱进，成为高素质的学者。教学是一种创造性劳动，不仅需要灵动的思维，而且需要创新教学方式，采用灵活多样的现代化的教学方式，从而达到事半功倍的效果。这就要求学生有独到的见解，注重培养终生求知的素养与能力。教师只有潜移默化地打动学生的情感，才能提高教学质量，达到良好的教育效果。

大学语文教学担负传承民族文化、张扬人文精神、陶冶审美情操等多项重任，它既可为学生今后走向社会，参与竞争打下安身立命的精神基础，又可作为传承中华民族优秀文化的载体和延续民族精神文化的桥梁，对于全面提高学生的综合素质，提高学生的想象能力、思辨能力和感悟能力等都能起到直接的推动作用。因此，大学语文教学将逐渐影响全社会，成为大学教育的一个重要组成部分。每一个教育工作者都有义务和责任把国语教育放在一个重要的位置，全面提高学生素质。由中国人力资源和社会保障部职业技能鉴定中心组织国内外专家开发研制的国家职业汉语能力测试，以测试应试者汉语交际能力为主要内容，对提高劳动力素质具有积极作用。同时，国家职业汉语能力测试也促使我们从汉语的社会现状出发，对大学语文教学进行反思，并为改变这种状况提出针对性的建议。《多维视角下大学语文教学理论与路径探索研究》共分七章，作者从研究背景出发，分别对大学语文教学的重要性、大学语文课程与中华传统文化、大学语文课程现存问题与对策等方面做了详细的阐述。

目　录

第一章　研究背景 …………………………………………1
第一节　大学语文教学存在的问题 ……………………………1
第二节　大学语文教学改革的必要性 …………………………5
第三节　大学语文教学改革的创新 ……………………………8
第二章　大学语文教学的重要性 ……………………………15
第一节　提升大学生的人文素养 ………………………………15
第二节　传承中国传统文化 ……………………………………18
第三节　提升大学生的语文写作能力 …………………………25
第三章　大学语文课程与中华传统文化 ……………………31
第一节　中华传统文化的精髓 …………………………………31
第二节　中华传统文化在大学语文课程中的重要性和必要性 ………40
第三节　中华传统文化学习的现状 ……………………………43
第四节　在大学语文课程中实施中华优秀传统文化教育的方法 ……44
第四章　大学语文课程现存问题与对策 ……………………51
第一节　大学语文课程的现存问题 ……………………………51
第二节　大学语文课程现存问题的原因分析 …………………71
第三节　针对大学语文课程现存问题的改革对策 ……………74
第五章　大学语文课程价值与实现 …………………………85
第一节　大学语文课程价值的概念 ……………………………85
第二节　大学语文课程价值的存在形式 ………………………85
第三节　大学语文课程价值实现的阻碍 ………………………93
第四节　大学语文课程价值实现的路径 ………………………98
第六章　大学语文课程中的人文素质教育 …………………105
第一节　大学语文课程实施人文素质教育的必要性与可行性 ………105

第二节　实施人文素质教育存在的问题 ······ 110
第三节　大学语文教学加强人文素质教育的策略 ······ 113
第七章　大学生汉语能力培养和大学语文教学现状调查及原因分析 ······ 125
第一节　学生汉语能力培养存在的问题 ······ 125
第二节　大学语文教学现状调查与分析 ······ 135
第三节　汉语能力培养存在的问题及原因分析 ······ 140
参考文献 ······ 151

第一章　研究背景

第一节　大学语文教学存在的问题

大学语文是部分大学非中文专业的公共基础课，是大学为提升大学生文化素质教育使用的一个常规方法。大学语文对大学生文化素质教育有着深刻的影响：一是传统文化的传承和精神文明的建设，二是对大学生价值观的形成起着积极的作用，三是可以提高大学生汉语运用能力，为大学生的就业提供帮助。在当今的大学校园，大学语文教与学的情况不容乐观：学生厌学，教师不愿教。因此，对大学语文进行改革势在必行。

一、大学生语文基础薄弱

（一）学生不喜欢现有的语文课程

学生对教师讲课的内容和方法产生不了兴趣。经历了高中阶段的“填鸭式”学习，学生虽然对名句名篇了解了很多，但还是缺少很多深层次的内容。初入大学，学生对大学语文有了一种期待，期盼教师能弥补他们高中时代产生的那点遗憾，期待能感受作品中的意境，获得情感的体验、心灵的共鸣……然而，在上过课之后，他们发现教学内容和方式与高中没有本质上的差别，而且不像高中那样，要求学生背诵课文，这逐渐打击了他们的热情，进而逐渐不喜欢学习语文。

大学语文教材上有的篇目，学生在中学就学过，大学语文教师依然是写作背景和作者介绍、重点句子和段落的剖析，缺乏与学生沟通、互动，课堂乏味无趣，毫无新意。虽然学校提供了一些新的科技教学方式，但本质上并无改变，久而久之，大学生对大学语文越来越不重视。

基于实用方面的考虑。由于大学语文并未达到大学生的期望，大学生渐渐失去兴趣，转而把兴趣转向其他方面。科技的不断发展，在我们的工作生活中占据着越来越重要的地位，在这种大环境的影响下，大学生的技能需求越来越高。身边的前辈都在马不停蹄地忙着办理各种证书，为将来的就业做准备；人的体力和精力是有限的，所以逐渐减少花费在大学语文上的时间，只要保证期末不挂科就好。汉语文化是一个长期积累的过程，长时间不学习会导致汉语的能力逐渐减弱，人文素养无法得到提高。

（二）教师的教学态度与方法

大学语文是非中文专业的公共课程，专业性相对不强，通常是中文系专业教师的课时不够时的选择，多数为大班授课。个别教师就不会在准备课程方面花费太多的时间。

学生对大学语文课的期望过高，上好大学语文课绝非易事，教师不仅需要有博学的知识和深厚的文化底蕴，对课文内容能旁征博引、娓娓道来，而且还需要教师与一些现实问题、热点问题进行结合，并且有自己的独到的见解。相比于义务教育阶段的语文课，大学语文更应注重高层级意义上的语文素养和能力培养，这个是一个瓶颈，要求非常高。大学语文是一门综合性强、难度很大的课程，需要学问渊博、经验丰富、热爱教学的教师来担任。因此，大学语文这门课，一定要找学校里知识最广博的教师来教授。同时也要结合当今社会科技的发展，加上时代的因素，跟上大学生的认知步伐。因此，改善教师厌教的现状，对教师的严格选择很有必要。

二、对大学语文课程的重视度不够

在大学的教学计划中，虽然很多高校都开设了大学语文的相关课程，但是部分学校大学语文课程教学水平低、教学质量差，学校对大学语文课程的重视度也不够。在大学语文课程教学中，大学语文应用型教学改革有效地开展，可以直接提升大学语文课程教学的质量，同时促进大学生对大学语文的认知。所以，在大学语文课程教学中，加强对教学的重视度是非常有必要的，其主要体现在以下的几个方面。

（一）教学内容选择不合理

大学语文教材具有容量大、内容丰富的特点。而大学语文课每周仅有不到 4 节，教师的选择包含很多类人群，有的是具有中文专业基础的新教师，有的是兼职行政人员，如辅导员、团委书记等，有的是课时不够的教师。教师的专业和兴趣方向不同，资历也不同，这就导致了教学质量良莠不齐。新进教师，有些的确是中文专业的，但因为是新来的，对课程教学规律不够熟悉，对教材的重点和难点还没有把握，缺乏必要的教学技能，教学质量相对较低。某些兼职行政人员身兼多职，上课是为了完成教学任务和职称评审的要求，过多的工作量导致他们的精力不足，在课程教学中趋向于自己熟悉的内容，便于自己轻松教学。对于个别差课时的专业课教师，他们投入大学语文课程的时间较少，将更多的精力放在研究课题上。因此，大学语文的教学课堂五花八门，取决于教师的专业和兴趣方向。古代文学教师着重选择古代文学作品，唐诗宋词元曲，风雅颂冠绝一时；文学专业教师侧重小说和散文，娓娓道来；语言专业教师爱好说文解字，自觉神采飞扬，但学生却捉摸不透，不得要领。大学语文教材选文数量过多，课时太少。以陈洪先生主编的《大学语文》（下称陈洪版）为例，全书有选文六十七篇：现代文二十六篇、古代文十六篇、诗歌二十一首、西文汉译四篇。又比如，由陈思和先生主编的《大学语文实验教程》（下称复旦版）分十二单元，每单元五篇文章，共有选文六十余篇，包含了古往今来的经典作品、文辞、写作知识。这样的布局和选文数量是值得借鉴的，既保证了教师的选择自由，又有利于提升大学生的人文素养。同时，内容的组合也是非常重要的，比如陈洪版现代文、古代文、诗歌、西文汉译的比例是 26 ∶ 16 ∶ 21 ∶ 4，在同一个学期里，如果每一周上两节课，比例应调整为 8 ∶ 3 ∶ 4 ∶ 1。换一种说法，具体课文对同一文体可作一定的选择。大学语文课程作为公共课程，面向的对象是所有的学生，不同深度地囊括了下列内容：实用的写作训练、文学体裁和文学史的浓缩、精神文化的启蒙课程、纯粹的文学鉴赏、正确的价值观的传播和影响。显然，如果过于单一地选择文体，就背离了作者的教学主张，不但达不到大学语文教学目的，也不利于培养大学生的人文情怀。

（二）肢解课文，违背大学语文课程教学初衷

有的教师只知道追求课程的全面，将各种史文、杂文日报、网络影视剧等列入大学语文的教学范围，使学生开心，投其所好，表面上课堂氛围热闹非凡，但下课之后就不记得重要的知识点了。这类教师对教学的意义没有正确的理解，需要加深对大学语文教学意义的学习，要求学生课后加以理解和深思。有一位教师解析文章《李鸿章办外交》，共两课时，花了一个半课时讲解李鸿章逸事，最后一点时间才讲解本次课程本应学习的内容。讲张爱玲的《天才梦》时，由于教师对张爱玲的情史非常感兴趣，最后将本课内容讲述成了“一个女人和两个男人”的故事。由于学识与见解不到位，教师对所持有的材料不能由浅入深，无法灵活运用，作全盘考虑，因而也就不能精准提炼，只有主次不分地用一些不合适的原始资料与知识来填充学生的头脑。这样的讲解不仅不能提高学生的语文学习能力，而且容易哗众取宠，引发不良学风。

（三）脱离学生专业需求

学生的专业不同，对大学语文的学习目的也是不同的。外语专业的学生是为了了解汉语与外语在表达方式、语言习惯上的差异，希望通过学习强化自己的语言专业运用和表达能力。艺术类专业的学生由于专注于艺术类学习，忽略了文学课的学习，期望通过大学语文的学习培养自己对诗歌、文学、艺术知识等的审美观，并融入自己的艺术创作。大多理工科学生专业能力很强，但缺少一定的人文情怀和理解能力、表达能力，其中部分学生因为语文的原因会影响到毕业论文的完成，写出来的论文往往是言语不通、没有逻辑，词不达意。他们希望通过大学语文课程的学习提高自己的综合素质，尤其是在语言能力、应用写作能力和文学修养方面的提高。

由于大学语文教材是面向所有专业学生的，不具备针对性，所以并不能满足每个专业学生的需要，千篇一律，它没有考虑到不同专业的特殊性，也没有考虑到不同专业学生语文学习能力的差异。首先，国内还没有一本专门针对外语专业学生编写的大学语文教材，对艺术类专业学生有针对性的课程内容也是没有的，因此现阶段的大学语文对专业学习的辅助性不大。其次，教材内容中古代内容较多、忽略现当代的内容，跟学生之间存在一定的时代距离，并且脱离了社会的时代性，容易让学生感到枯燥乏味，进而厌学。并且现行大学语文教材过于倾向思想素质教育，忽略了实用性，对现实缺少指导意义。教材中缺乏应用文体的写作知识，使学生没有及时地得到语文教学的实用性指导。在这种背景下，大学语文教师积极利用大学语文教材的可选择性，及时调整课程内容，及时增补关于不同专业学生需求的实用内容，这对大多数大学生来说还是很有帮助的。但实际上，大学语文的教师从未及时地按照不同专业进行调整，忽略了学生对大学语文的期望，依然根据自己的兴趣方向传授着“现代汉语”“古代文学”“古代汉语”“文字学”“修辞学”等内容。就这样，学生对大学语文教师的教学彻底失去兴趣，将大学语文这门课程也彻底抛弃了。

三、定位不准确

定位不准确是大学语文应用型教学改革中一个比较关键的一个问题。在开展大学语文教学活动中，对课程的精准定位十分重要。大学语文教师对大学语文课程的发展进行准确定位，不仅能全面地培养大学生深刻理解和灵活运用语言文字的能力，完成将大学语文教学作为高中语文课程的延伸教学，而且能有效地提高大学生的综合素质、道德修养以及培养大学生正确的价值观。大学语文教学定位不准确是一个非常严重的问题。

四、目的不够明确

做好教学任务的前提就是要明确教学目的，现阶段教学目的不够明确也是影响大学语文课程教学的重要因素。定位不够准确，目标也就无法明确，这不仅不利于大学生的阅读、应用、表达能力的全面培养，而且会影响未来在工作中的发展。因此，在开展大学语文课程教学活动中，目的不明确也是一个重要的问题。

大学语文作为高等院校非中文专业的一门重要的基础课程，是非常有必要的。它不仅是中华母语教学中的一部分，而且对大学生的人文精神和价值观培养有着积极的作用：提高了大学生的汉语表达和应用能力，不仅仅是开阔了视野，增长了见识，更重要的是培养了高尚的道德情操、正确的价值观、良好的人文素质。随着时代的进步与发展，大学语文教学所存在的问题日渐突出，因而做好大学语文教学的改革和创新工作迫在眉睫。

第二节 大学语文教学改革的必要性

一、大学语文教学的意义

近年来，随着市场经济的不断发展，校企合作的教学模式是高校在人才培养方面最常见的方式，强调了学科的专业性、实用性、企业性。但在众多的专家、学者看来，大学语文不算一门独立学科，对语文的掌握和实际运用都体现了其综合性的特点，对其他学科起着辅助作用。不论是读书研究，还是撰写各种形式的文字，都离不开语文汉字，语文已经默默地渗透到各个学科领域的模块当中。著名的大学语文教师王步高通过自己的学习经历来阐述语文学习的重要性，他是学德语出身的，当学习到一定程度，想进一步提升德语能力的时候，他发现必须首先提升自己的母语水平，因为只有更深层次地掌握汉语，才能够更加精准地翻译德语，使德译汉或汉译德的精准率逐步提高。由于人们不注重母语学习的培养，因此大学生的汉语水平呈下降趋势，引发人文素养和道德素质缺失等问题。因此，新时代的大学语文教学意义非凡。

（一）大学语文有助于树立正确的人生观、价值观

帮助大学生树立正确的人生观和价值观，不仅是大学生健康成长的需要，而且有利于实现整个社会的健康有序发展。现阶段，因为经济社会的发展和

进步，人们的物质生活得到满足，对精神的需求越来越高；而当今社会中不同价值观并存，人与人之间产生了一定的信任危机，引起了一些奇怪的社会现象，不利于社会的和谐发展。通过大学语文教学，不但能帮助大学生树立正确的人生观和价值观，而且能激发爱国主义情操、培养人文素养信念。从屈原《离骚》的热爱祖国到岳飞《满江红》的忧国忧民，再到《炉中煤》的对祖国眷恋的情怀，这些都宣扬着强烈的爱国情怀和民族责任感，而《论语》中的“不义而富且贵，于我如浮云”的安贫乐道的思想和孔子“择其善者而从之，其不善者而改之”的儒家道德修养思想，都教育学生既做到义利兼顾又谋求个人发展、既追求自身价值又努力地创造社会价值。开展大学语文教学，不仅能帮助大学生树立正确的价值观，而且能促进社会的和谐健康发展。

（二）大学语文有助于提高学生对事物的理解能力

语文课程包罗万象，涵盖了经济、历史、哲学、法律、文学等各方面。比如四大名著之一《红楼梦》一书内涵人生百态，诸多文体，百类学科，各色文化，包括曲赋歌谣、风土民俗、农业地理、景观园林、曲艺杂谈、中药医法、餐饮食品、宗教信仰等诸多方面。大学语文具有全面性的特点，使得其在学科竞争中尽显天时地利，教育可以发展影射到大学生的情商培养、价值观的确立、性格培养、语言表达能力提高等几个方面。大学生对事物的理解力是建立在认知的前提之上的，大学语文的学习为学生打下了认知基础，教会大学生认识、分析、思考、升华诸多事物，从而延展到各种学科之上。这也是著名教师王步高在学习德语时，发现自身的母语水平的提高对提高德语翻译能力的重要作用，各个学科之间相互关联，不仅仅是语言，各项教育都是一样的。

二、大学语文教学改革的创新

目前的教学中，大学语文所承受的教育压力极大，传统语文教学落后的教学模式与方法已不能满足当代大学生的需求，一些高校对大学语文这门课程保持着“鸡肋”一般的态度，这种状态引起了不少人的关注与担忧。首先，教学手段过于单一。传统的大学语文教学方法以教师课堂上讲授 PPT 和书籍为主，延续了高中时代的背诵式的教学方式，虽然加入了多媒体教学，通过 PPT 展示课程内容，但教学的基本模式是没有发生本质改变的，只是将课本内容搬到了荧幕上。同时，大学语文课程通常为大型公共课，上课人数过多，属于大班教学，教学质量无法得到保障。学生厌学导致课程逐渐被漠视。其次，学校对大学语文的重视程度不够。作为公共基础课，大学语文教学并没有受到实际应有的重视和对待，久而久之，学生对大学语文的学习越来越不重视。最后，大学语文的教学内容多数比较陈旧，教学过程过于流于原始的顺序。教学内容主要是中文的名篇，而现当代和外国的名著就少之又少，符合现今潮流和社会风貌的课程和结合专业的语文课程就极为稀少了；教学过程墨守成规，比如作者介绍、背景讲解、主题概括、语句剖析与课后练习等，缺乏发散思维和新意。因此做好大学语文教学改革的创新工作是很有必要的。

（一）创新大学语文教学模式

大学语文教学运用多媒体已经很普遍了，课程内容以 PPT 形式出现，给予学生直观的感觉印象，课堂教学方式虽然新颖，但看过后没有复习并没有什么实际意义，反而还不如记笔记、背课文印象深刻。这也导致了大学语文引入了多媒体教学后，达不到预期的教学效果。此外，教师的教学讲解太抽象，使得学生在认知上缺乏理解，感到内容枯燥。因此，在大学语文教学中，教师可以利用多媒体设备和技术与讲解教学相结合，不仅形象生动地展现了教学内容，而且提升了教学的深度。如《长恨歌》的讲授，关于唐明皇和杨贵妃的爱情分析讲解，同时对现实有了一定的发掘和讽刺意义。《红楼梦》中贾宝玉和林黛玉你侬我侬的一段情节，通过贾林二人的眼神、言语、举止、电视的背景音来表现他们的情感变化和细腻的心理活动。通过对比发现二人因为时代背景和地位的不同有什么样的不同表现，从熟悉的、直观的视频导入课本，使学生充分融入了课堂，在课堂中引导学生对爱情的思考，帮助学生树立正确的爱情观。同时还可以播放有关唐朝历史的视频，把李杨的爱情融入安史之乱的大背景下，在专门的历史大事中去理解人物的感情变化和社会行为，引导学生不要单方面地停留在诗歌本身上面，要更深层地从历史背景、人物性格、社会现象等方面来理解分析，在大学语文教学中将多媒体视频、讲解讲授、课堂互动相结合，不仅大大地改善了传统教学模式，而且更深层次地体验诗歌中的人间百态、世事冷暖。

（二）加强对大学语文教学的重视

大学语文教学对发挥语文学科的人文性、民族性与实用性具有很大的意义，可以传承民族文化、陶冶情操、弘扬风貌，为大学生他日入社会，为社会竞争提供坚实的精神后盾，同时也是顺应当今人文科学与自然科学相互交融渗透的发展趋势，对不断提高大学生的想象能力、感悟能力、思辨能力等有积极推动作用，为社会源源不断地提供高素养的人才。因此，重视大学语文教学十分重要。首先要让学生明确学习的主体是谁，国家大力推行素质教育，需要教师提高教学质量，改变观念，创新教学模式，加强互动性，让学生积极主动地参与进来，提高学生的学习兴趣。学生作为学习的主体，需要更多地参与到课堂活动中，积极配合教师的安排。把教师比作课堂的导演，负责调整学习的方向与步伐，引导学生学习，并且营造出一种和谐、探究、合作的学习环境，提高学生对语文的学习兴趣，引导学生多分析、多思考，培养发散性思维，让语文的学习更加的有深度。其次，教育部门和社会要加强重视大学语文教学，只有教育部门做好对语文课程的规划，课程才能有更好的发展。大学语文的考核方式也需要创新，不能用一张卷子的分数高低来决定语文考核的结果，应该考虑到考勤、上课的发言情况和参与情况、小组的合作能力、课后学习能力等。试卷可以选择分层考试，既考核了基础知识又考核了学习能力（特殊的加分题）。

（三）优化教学内容和教学手段

传统的大学语文教学内容局限于对中国古典名著或者是诗词的背诵和分析。优化教学内容应该从开阔思路开始。首先，文学和文化是两层意思，应该让两者相结合，融入民族文化、地域文化、宗教文化等，也可以加入人文素养的教育学习，如作家思想品格、认知信仰、主要作品和成就等内容。其次，在教学内容上要与时俱进，增加当前社会的时事新闻、文学和文化内容，如网络文化、校园文化、最新时事新闻和最新科技等新内容。随着科学技术的快速发展，大学语文教学手段的优化也要与时俱进，根据实际及时更改。现阶段，以“信息技术和课程的有效整合”为教学手段，以“信息技术环境下学习能力”为评价指标，利用信息技术使得教学有效性、授课能力、学习能力、动手能力、思考能力得以评估，不断地改进和优化语文教学。

第三节　大学语文教学改革的创新

长期以来，高校语文教学改革一直是教学工作的重难点，同时一直受到招聘单位、大学教师和学生的争议。每年到了要毕业的时候，非中文专业的应届毕业生，整体表现出来的交流能力不足，逻辑性差，写作技巧差，缺乏独立性，这些都是大学生应聘时的弱点。归根结底，还是跟大学语文的教学方法、课程定位、教育目标有直接关系。因此，大学语文教学不能再安于现状，而要根据新时代的需求，创新教学模式与理念、教学内容、考试和评价体系等，以此改善大学语文的教学效果，整体提升大学生的综合素质，培养新时代的具有创新精神的新型人才。

1978 年，全国各地高校开设大学语文这门课程，主要目的是提高大学生语文水平和运用能力；传承传统文化精髓，去其糟粕；提升精神文明建设水平；在改革开放的大背景下，利用中国优秀的传统文化影响世界。教育部高教司在《大学语文教学大纲（征求意见稿）》中提到“在全日制高校设置大学语文课程，其根本目的在于：充分发挥语文学科的人文性和基础性特点，适应当代人文科学与自然科学日益交叉渗透的发展趋势，为我国社会主义现代化建设培养具有全面素质的高质量人才”。大学语文课程的学习有助于培养社会主义现代化高素质的人才，促进中华民族的文化建设。这就要求教育工作者在大学语文的课程教学中不仅需要精准地把握语文教材丰富的知识内涵和博大的思想内涵，结合时代特征和社会发展观，深层地挖掘中华民族的优秀传统文化精髓，弘扬人文精神，而且还要与世界优秀文化和人类赞誉的高尚道德情操相互渗透、融合，以此感染和熏陶学生，培养学生的人文精神、道德情操、审美情趣、熟练的语言运用能力，将教书育人充分融入课堂课后，勤思考勤练习，这是大学语文教学改革不懈的追求。

但是，大学语文的教学效果和教学目标之间有很大的差距。当代大学生的表达能力和沟通能力比较欠缺，写作能力又差，独立思考能力弱，和大学语文教学的预期目标相差甚远。那么为什么会出现这种情况？笔者觉得是大学语文在教学方法和模式、教材选择、师资队伍建设、课程定位等方面的不足导致的。因此大学语文应该紧跟当代高等教育发展的趋势，帮助大学生建立更加全面的知识体系，将专业和语言运用完美地融合，提高大学生在企业和社会的竞争力。大学语文教学不能安于现状，而要专注于语言运用本身，创新教学理念与方式，增强课堂的互动性和思考性，培养具有创新精神和实践能力的人才。

一、创新教学理念

大学语文教学不是高中语文教学的复制粘贴，应该注重大学生的能力和情操的培养。首先，大学语文旨在陶冶情操、培养文学鉴赏能力、熟练的语言应用能力。其次，侧重于审美感和人文性，超越教材本身，充分挖掘文字的文化底蕴及引发的思考，提升审美情趣和人文素养。最后，融入创新教学情境、审美情趣、艺术品位到语文教学中，培养创新精神，帮助学生建立更全面的知识体系。

（一）创新教学情境

在丰富的语文教材中选择合适的有代表性的文字，创新教学情境，增加互动教学，调动学生的参与热情，通过看、听、想等方式培养学生的鉴赏能力和道德情操。

文字是时代传承的印记，是现实生活的表达，将人和人、人和自然的情感交流永远定格在了那里，每每读到文字，仿佛身临其境。“夕阳无限好，只是近黄昏”这句描述了郊外黄昏的景象。余晖脉脉，洒在一望无际的荒野草原上，炊烟缓缓升起，美好的傍晚从此定格在这里。“空山新雨后，天气晚来秋。明月松间照，清泉石上流。竹喧归浣女，莲动下渔舟。随意春芳歇，王孙自可留。”描述了江南水乡的景观。细雨过后的山林中，明月照在了松树林间，泉水静悄悄地流淌着，美丽的浣纱女完成了一天的辛勤劳作，一路嬉笑打闹着回家。这幅画里有山水、有月亮、有松树、有溪水、有人、有小船，情景交融，人与自然可以和谐共存。语言文字可以将风景、情感等永久地保留下来。大学语文教学就是通过特殊的教学手段，将教与学紧密结合起来。20 世纪 60 年代德国著名的美学家姚斯曾提到过：一部文学作品不是一个独立的存在，它为每个时代的每个读者都提供同样观点的客体；它也不是一座纪念碑，形而上地展示其超时代的本质；它更多地像一张管弦乐谱，在其演奏中不断获得听者新的反馈，使文字从词的形态中解放出精神形态，成为一种时代的印记。当然，这段话自然有它的偏颇之处，但把语文教学课程比作一种接受过程，教师如何演奏这张管弦乐谱，将原始创作形态中的精华提炼出来，融入当代环境中，以达到学生、教师、作品思想情感上的共鸣，这就离不开创新教学方法。创新教学情境是大学语文教学的重要手段之一。根据不同的教学内容，将现代化的多媒体教学合理地融入课堂，制作成各种形式的课件，可以是播放相关的纪录片、歌曲、小视频等，也可以采取辩论赛、小组研究、对话、编排表演剧等形式创设意境，这无形中提升了学生的参与感。同时，学生还能从语文作品中感受到祖国大好河山的壮阔、劳动人民的伟大、真善美和假丑恶的认知，加深大学生对大自然、祖国的深层认识，提升大学生的责任感和使命感。

（二）创新人格的培养

创新不仅是一种智力的体现，更是时代进步的体现。中国的历史文化底蕴深厚，数不尽的文人墨客留下他们的优秀作品，流传至今。而大学语文教材正是从这些优秀作品中精挑细选出来的，可供选择的内容丰富、范围宽泛，尤其在德行和育人方面为甚。如从《诗经》《楚辞》到唐诗、宋词、元曲、

《史记》《三国演义》《论语》《孟子》《左传》《战国策》及后来的唐宋传奇，小说《红楼梦》等，直到“五四”新文学、当代文学作品的出现。现在大学语文教学研究的应该是文学背后沉淀着的文化内涵，将当代的价值观融入大学语文，帮助学生形成创新人格并升华思想境界。以三个方面举例来说文字的内涵。一是体现和表达民族精神的内容，如“先天下之忧而忧，后天下之乐而乐”的忧国意识；“国破山河在，城春草木深”的爱国主义；“富贵不能淫，贫贱不能移，威武不能屈”的牺牲精神；“长太息以掩涕兮，哀民生之多艰”的关注民生疾苦的忧民意识；“老骥伏枥，志在千里，烈士暮年，壮心不已”的奋斗精神。二是注重人格发展和人生价值，如孔子的“三人行，必有我师焉”“仁者爱人”的仁爱品质；“天生我才必有用，千金散尽还复来”“谁人得似张公子，千首诗轻万户侯”等刚正不阿的品质。三是潇洒豁达的人生态度，如苏轼几经被贬谪，历经磨难，但始终能豁达坦荡地面对人生的苦难，他被贬谪黄州作诗云：“自笑平生为口忙，老来事业转荒唐，长江绕郭知鱼美，好竹连山觉笋香。”被贬谪岭南时他又写道“日啖荔枝三百颗，不辞长作岭南人”。这份豁达，这份坦荡，怎不令人佩服。每个人的人生都不是一帆风顺的，不知在何时就会遇到困难，只有如苏轼那般时刻持有积极乐观的态度，坦荡豁达地面对当前的苦难，美好的明天终究会到来的。毫不夸张地说，大学语文对我们的精神面貌和人生价值有很大的影响，特别是对当代大学生培养创新人格有着深刻的影响。将优秀的传统文化精神与当今的时代要求相结合，培养具有新时代标准的有理想、有道德、有创新精神、有创新人格、有文化技术、有纪律的高科技高素质的创新型人才。

（三）提高审美情趣和艺术品位

中华民族的美学，以特殊的形式和风格形成了自己的特色，拥有自身独特的审美理想。以现实美为例，儒家因入世而关注现实美，“居庙堂之高则忧其民，处江湖之远则忧其君”；道家因遁世或超脱自我而沉浸于现实美，“久在樊笼里，复得返自然”；虽然表达方式不同，表达的情感也不同，但都是对现实美的别样表达。不管是文学流派还是哲学体系，大都利用不同的艺术形式来描绘高山流水、花草树木、田园家乡，或刻画事态人物，深刻地表达了作者的情感以及作品的内涵，让读者在作品中找到共鸣。大学生需要不断地学习和积累文学语言，以积极的心态去理解、认识、分辨、创造作品中的美，并将这些优秀的美与当今世界文化相融合，以提升自己的艺术品位和审美情操，重视和传承中华民族的传统文化，多用正确的世界观、价值观、人生观去发现社会的美。

（四）创新思维的开发

创新思维是指用一种独特的新奇的方式处理事物并达到预期效果的思维过程。它既有独特的知识结构和积极的求异性，又有敏捷的洞察力，创造性的思维和灵感。这种创新思维对学生的影响很广泛，能确保学生在学生时代学会如何正确地快速地有效地分析问题、解决问题，不仅能顺利地完成学习任务，而且这种能力可以受益终身。大学语文虽然是一门综合性基础学科，但无论任何专业，想要在专业里出类拔萃，离不开深厚的文学功底。而大学语文对提高文化素养、拓宽知识视野、培养严密的思维能力，起着非常重要的辅助作用。

从历史层面看，我国著名科学家李四光虽然是理科出身，但文学素养极高，语言表达流利，逻辑思维强，在国际舞台上展现着自己的科研成果，成为世界级的高科技人才。在经济全球化的大背景下，科技的快速发展，使得高校必须对学生实施通才教育，语言素养、创新思维能力、高超技术都必不可少。而创新思维能力是关键，也是一个民族创新精神的基础。

创新是一个国家发展的动力，而创新教育不仅是时代发展的必然，也是学生自我发展和培养竞争力的需要，应贯穿于学校教育和实践教育的各个方面，只有不断地创新，才能进步神速。

二、分层教学模式改革

对于多学科门类的综合性大学，不同学科和专业的学生语文基础水平参差不齐，在实际教学中，应该将授课对象划分为文理生、艺体类和民族生或预科生三个层次，教学目标各有侧重，不能简单地统一教学目标、教学内容和教学方法。

大学语文教学性质具有多层次的特点。从实用性来看，它是一门基础课，培养学生的语言表达能力和写作能力；从艺术性来看，它是一门鉴赏课，丰富学生的情感、美感，提升审美观；从文化性来看，它是一门素质课，培养学生的爱国情操。

因此，在确定课程目标的重点时，针对不同专业的学生，对语文课程的教学目标进行合理的调整。文理科的学生，不仅要提升文学鉴赏能力、语言表达能力、灵活运用能力，而且能提升人文素养，传承发扬传统文化。艺体类学生，侧重于审美教育和创新思维的启发，以了解为辅，创新运用为主，如将我国古代哲学思想和审美理念转化为具有现代审美的元素。针对汉语基础薄弱的民族学生，侧重于实用能力的培养，增加阅读量，培养语感，提高语言表达能力，能灵活运用汉语。

在教学方法上，大学语文课的教学与高中语文课的教学要有所区别，跟上学生的步伐，最大限度地引起学生的学习兴趣。对于非民族类的专业学生，应该充分发掘多媒体教学的特性，发挥其最大的功能，将学生的听觉、视觉、感觉充分调动起来，在进行知识学习的基础上加强人文教育的培养。比如名家讲座、名家美文鉴赏、柔美的钢琴曲、经典的戏曲片段、传奇爱情的视频、精彩的辩论赛视频等，这不仅活跃了气氛，学习了知识，还能更直观地看到、听到、学到，经过教师的启发和讲解，引发学生更多的思考，对正确的价值观的形成很有帮助。

对于教学内容，可以采用专题教学。专题教学是以文体、作家、作品等作为线索，突破教材的章节分割和时间限制，将分散的知识深层归纳，解析它们之间的互相关系，既扩宽了知识面，也调动了学生的兴趣。有些实用的内容更需要专题讲解，比如语言表达能力和写作能力，效果会事半功倍。而对于民族类的学生，教学内容应以基础为主，在教学过程中除了教以外，还要多鼓励多引导，引导课后阅读、训练和思考，切实提高汉语表达能力和写作能力，培养他们的爱国情操和民族精神。

我国是一个历史悠久的文明古国，文化遗产丰富，具有深厚的文化底蕴。这些是全国人民甚至整个人类的财富，但如何传承和发扬这些优秀的文化遗产，是我们终生的事业。大学语文教学的改革创新，为大学生对这些文化遗产的学习和继承进行了引导，只有了解得更多，才能激发大学生对传统文化的兴趣，才能知道这些的来之不易，进而保护它们。同时，还要多传授学生在今后学习工作的实用技能，让学生充分地意识到语言学习不仅仅只在学校，真正的提升需要靠不断地学习和练习。熟能生巧，巧能创新。大学语文教学的过程就是师傅指导进门的过程，但时间毕竟有限，进一步的学习提升需要靠自己不懈的努力。总之，对大学语文教学改革的探究，不仅有利于非中文专业的学生提高人文素质和语言表达能力、书写能力，培养正确的价值观，更重要的是对大学生的积极的精神人格的塑造，对高校整体形象的提升和中华民族的未来发展具有至关重要的作用。

第二章　大学语文教学的重要性

第一节　提升大学生的人文素养

一、大学语文教学人文素养缺失的主要原因

目前，大学语文教学局限于对文章作品的了解认识，欣赏进而表达出来，使得大学语文教学变成了语言交流工具，而大学语文教学的作用本质并没有体现出来，导致了大学语文教学的人文素养缺失，造成了如今大学语文教学的尴尬地位。而这一系列的原因可以归纳为对大学语文的重视程度不够、定位不精准、目标不够明确、学时不够、教育方式落后等，具体表现为以下几个方面。第一，为了提高就业率，专业化的专业设置要求过高。自高中二年级开始，学校实行文理分科，随着教学的不断深入，专业上的划分越来越详细，从而导致学生分科以后就被束缚在一定的范围内，局限于一个专业领域，限制了学生的全面发展。一些高等院校以理工科为主，特别重视对专业技能的培训，为迎合当今社会发展的需求，高等院校只将大学语文作为基础课、选修课，对其重视度不够，使得大学生的人文素养、价值观、人生观受到影响；就业压力的加大不得不让学生过于关注专业或研究，从而忽略了人文素养的培养。而高等院校为提升就业竞争率将专业知识及实践技能放在首位，忽视了大学生人文素质的培养，从而使得大学生对语文的学习目的有所误解，认为语文课程学习无关紧要，从而失去了对大学语文的兴趣及积极性。随着就业压力的加大，人们需要更多的人文关怀。可这种人文关怀从何而来呢？首先需要文化知识的积累，积累到一定程度才能转换成人文精神。大学生必备人文精神，不仅能够陶冶情操，而且能帮助大学生形成一种正确的价值观。第二，对传统文化的不重视及盲目崇外思想和市场经济带给我们的负面影响。我国正处于社会转型阶段，国外的各种思想、文化、成功经验不断融入，形成了一种盲目的接受学习状态，使得民族传统文化的地位岌岌可危，过度的重视经济效益让我们忽略了人文素质教育。例如，高等院校大多把英语课程

作为必修课，而语文作为选修课，英语课程真的就比语文课程重要吗？答案不言而喻。大学语文教材蕴含丰富的传统文化，可以帮助学生寻找自己的信仰，树立正确的价值观，增强社会责任意识，在浮躁的社会下坚持本心等，对大学生的人文素质教学起到非常关键的作用。但是，重技能轻德行的观念已经形生，这种忽视人文教育的观念使得语文教学变得功利化、工具化，给语文教育改革带来了巨大的挑战。第三，教师在人文知识及精神内涵方面存在不足。随着市场经济的开放和快速发展，人们的视野开阔了，思维模式也在发生着改变。在这样的大背景下，有一些教师的心思开始活泛，将精力投入其他方面，没有全部投入教学当中，这对学生的人文素质的培养也有一定的影响。个别教师甚至过度重视自己的第二职业，在给学生授课的时候采取听之任之、草草了事的态度，没有对学生的学习进行很好的引导。在教师眼里，作为一门选修课，几百名学生安排在一个教室，教师顾及不到每一个学生也是正常的，其通常采用“满堂灌”的教学模式，导致了大学语文的地位越来越低，学生厌学，教师厌教。

二、大学语文教学的人文意义

语文可以分为“语言文字”“语言文学”“语言文化”，这三个词代表着语言的三个不同层次，它们之间是互为联系与递增的关系，首先有了文字，经过了积累、运用、演变才成为文学；经过大量的文学的洗礼，慢慢形成一种文化。在小学阶段，主要学习文字，目的是日常交流及写作；中学阶段，语文教学让我们了解到各种文学知识，同时各方面的语言运用能力得以提升；而大学阶段的语文教学则转向了语言文化的理解，所谓语言文化就是语言学家对语言和文化关系的思考，语言是为了交流认知，是文化和知识情报资源的载体。语言文化的学习和研究不仅可以帮助大学生丰富精神文化，而且还能积极地使其快速融入社会大家庭。

语文教学既具有人文性，还具有实用性。人文性主要从人文素养、文化素质、审美能力三个方面，以精神文明为向导帮助学生树立正确的人生价值观。实用性主要体现在提高学生的语言运用表达能力、书面表达能力和口头表达能力等方面对以后的就业起着非常重要的辅助作用。人文性和实用性相比，人文性对大学生的语文教学更为重要。对于大学生而言，初高中阶段已经完成了书面表达和口头表达的课程学习，大学阶段需要的是锻炼的机会，大学语文教学应以人文性为重，让学生有更多的发挥空间，同时抓住一切机会实践，以提升自己的语言表达能力。人文教育就是遵循以人为本的理念，根据现有的条件、资源及文化知识，通过教师的传授，将文化中的人文精神及文化素养传达给学生，并引导其树立正确的价值观、世界观、道德观。

三、大学语文教学的人文维度的重建

大学语文教学的一个核心的目标就是重建大学语文教学的人文维度。这应该从高等院校开始重视，统一改革的态度，并做出积极响应。大学语文教学应该对其课程有正确的定位，深层地了解大学语文与人文教育之间的联系。而人文维度的缺失使语文教学陷入困境。将语文教学和人文教育完美地融合，既能达到传达知识的目的，又能无形中培养学生的人文精神。但现阶段的大学语文教学并没有达到这个目标，语文教学的主要发展方向应转向对大学语文教学的人文维度的重建上，可以通过下面几点来改变。

第一，重新定位大学语文课程。各大高等院校的领导者应该从根本上重视大学语文教学，认识到最根本及最重要的是对学生进行人文教育。专业知识不够可以补，但正确的价值观错过了会影响到学生的一生，大学期间的人文教育可以帮助学生建立正确的价值观、道德观。当今社会复杂多变，学生进入社会之前，大学需要引导他们。

第二，教学模式多样化。随着科技的快速发展，教学模式也应随之改变，大学语文教学可利用多媒体技术，促进课堂上师生的互动交流，增加趣味性。教师在讲解古今中外名作时，注重思考和引导，不仅传授给学生文化知识，而且引发学生对人生、爱情、未来的思考，树立正确的价值观。

第三，审美教育的重要性。审美教育在重建大学语文的人文维度中占有重要地位。社会是一个综合体，任何人都有追求美的权利，审美教育的培养不仅在提升创造能力、修身养性、人格的塑造、审美及情感等方面大有帮助，而且使人的精神层面的需求得以满足，充分挖掘出人体内的无限潜能。如何在大学语文教学中加强审美教育呢？通过大学语文教学让大学生领略到文学作品内在的魅力，体会生命的真谛，引发大学生对各种价值观的思考，激发了大学生独立自主的创新的意识，创造独特的人格魅力，最终实现大学语文教学的人文维度的重建。当然，在重建大学语文教学的人文多维度时，对教师的要求也逐渐提高，除了拥有渊博的知识、良好的人文素质及职业操守，还要具有崇高的使命感，在大学语文教学中收获满满的成就感。而人文教学不单表现在知识的传授上，教师教书育人的过程也是人文教育得以体现的方法之一。大学生是祖国的未来，是民族的栋梁之材，是未来科技发展的中坚力量。重建大学语文教学的人文维度有利于提升大学生的人文素质，人文素质的提升可以帮助大学生将正确的科学价值观和人文精神进行有效统一，满足我国对新型人才的需求，树立正确的科学发展观，构建和谐社会。提升大学生的人文素质可以通过文学作品的专题学习、增强文化知识底蕴活动、充分发挥校园文化的育人功能、民族文化的学习等途径，从而培养出更多高素质、高能力、高技能及具创新意识的新型人才。

在信息化的时代，大学生如何处理好文化多元化与各民族之间的关系呢？民族文化的传承和发扬离不开当代大学生，而大学语文教学在对民族文化及中华文明的探讨与传承又有着很重要的作用，关乎民族振兴的重大事业。大学语文教学应以人文性为主，实用性为辅，重建大学语文教学的人文维度，一方面提升了大学生的人文素养，另一方面弘扬和传承民族文化。

第二节　传承中国传统文化

一、大学语文教学对文化传承的重要性

大学语文的教学，可以将高中的语文知识升华，提高学生的文学作品鉴赏能力和各类应用文体的写作能力。与此同时，加强对学生的精神文明建设、传统文化、民族精神的培养，陶冶学生的情操。大学语文作为大学教育中的基础课程，需要着重培养大学生的人文精神和人文素养。大学语文作为学生与中国传统文化沟通的桥梁，可以帮助学生建立民族自豪感，提高整个民族的文化素养。

大学生对中华民族的传统文化缺乏深层次的理解和认识，使得文化的传承得不到预期的效果。经调查发现，大学生对古典名著的阅读没有什么兴趣，大多数学生对民族精神的内涵更是了解甚少，原因可能是与自己的生活不是很贴近，另外，缺乏正确引导的网络文化也影响了传统文化的继承，网络用语的大肆流行对汉语运用造成了干扰。因此，高校大学语文需加强文化传承功能，重视培养和提升大学生的语言素养和人文精神，塑造大学生健康、高雅人格。

二、大学语文教学与传统文化之间的关联性

（一）大学语文课程的开设与传统文化教育的意义

1978 年，大学语文课程开设的目的是：提高大学生的汉语水平和运用能力；传承优秀传统文化；在改革开放的时代背景下，用中华优秀传统文明影响世界。2006 年 9 月 13 日，中共中央办公厅、国务院办公厅印发的《国家“十一五”时期文化发展规划纲要》第 30 条提出，要“重视中华优秀传统文

化教育和传统经典、技艺的传承。高等学校要创造条件，面向全体大学生开设中国语文课。加强传统文化教学与研究基地建设，推动相关学科发展”。2012年2月15日公布的《国家“十二五”时期文化改革发展规划纲要》再次强调：“广泛开展优秀传统文化教育普及活动，传承中华民族优秀传统文化。”由此可见，开设大学语文课程的重要意义在于对学生进行传统文化教育。

（二）大学语文教学与传统文化之间的关联

文化与文学是相辅相成，不可分离的，传统文化以文学的方式流传至今。中国古代文学是中国传统文化的重要组成部分，大学语文教材中所选的词、赋、诗、文、戏曲、小说等文学作品，用各种形式展现出了中国传统文化的方方面面，是人文精神的精髓，也是人类文化的丰富遗产。古代文学受传统文化的影响有着独特的文化特性，如对现实的人文关怀，托物言志的本质，“文以载道”的理念中的奇妙的审美形态。这些独特的文化特性所孕育的人文情操，不仅能加深学生对传统文学自身特点的认识，而且有利于学生理解、学习传统文化的民族精神。从曹操的“东临碣石，以观沧海”，到杜甫的“何时眼前突兀见此屋，吾庐独破受冻死亦足”，到李白的“乘风破浪会有时，直挂云帆济沧海”，再到辛弃疾的“醉里挑灯看剑，梦回吹角连营”，这些流传千古的名言不仅是道德与文化的文字载体，还传达着作者关心民间疾苦的仁爱思想，以天下为己任的使命感，他们对真理的追求，对自身人格的完善，在宦海浮沉中所表现出豁达洒脱、乐观超然的名士风范，无不体现出中华民族传统文化的精髓。“有第一等襟抱，第一等学识，斯有第一等之真诗”，文章千古事，这沉积千古的诗行，饱含着中华民族的人文情感，凝聚着丰富的人文精神，蕴藏着浓厚的文化积淀，闪耀着理性思索的光芒，是培育高职院校学生传统文化修养和人文素质的宝贵资源。

三、大学语文强化传统文化教育的策略

第一，以培养职业素养为目标，充分利用传统文化的精髓，因材施教，优化教学内容。

正如陈寅恪所说“吾民族所承受文化之内容，为一种人文主义之教育”，大学语文教学的过程就是人文教育的一种体现，最终目的是育人。人文素养的提高对培养大学生的职业素养很有帮助，大学语文教学应致力于大学生的职业素养的提高。传统文化中那些大儒圣贤的大智慧和无穷魅力的古典文学作品，都可以作为高校职业素养培养的资源库。因此，我们必须以培养职业素养为方向，加强传统文化的学习，改变大学语文的教学模式，培养适应社会需求的专业人才。

通过对孔子等传统文化名人语录、史料的学习，培养师范专业学生“立志”“立德”为人师表的职业素养。春秋时期的孔子是儒家学派的创始人，开创了私人讲学的先例，在古代被尊奉为“天纵之圣”“天之木铎”。他的思想核心“仁”、政治主张“礼”对中国乃至世界都产生了深远影响，他开创的“因材施教”“有教无类”全新教育思想在教育发展史上也具有划时代的意义，因此，孔子被列为“世界十大文化名人”之首，无愧于古代最伟大的教育家，为人师表的典范。高校师范专业的学生应将孔子以“仁、礼”为核心的思想行为体系作为修身养性的名言警句，学习借鉴至圣先师“有教无类”“经邦济世”的教育观，“因材施教”“启发诱导”的方法论。大学语文教材中《论语》所记孔子循循善诱的教诲之言较为集中地反映了孔子的教育思想，是中华民族极为珍贵的教育遗产。对于师范专业的学生来说，孔子的名言可以提升其人文素养及从教技能。教师可以让学生利用课余时间编辑整理孔子教育理论和经典语录，阅读《黄帝阴符经》《道德经》《易经》等民族文化的几部源头性书籍，参悟其蕴含的古代圣哲修身明德、体道、悟道、天人合一的智慧，为师范专业学生毕业后从事教师职业提供一套完善、理性的教育观念和行为规范。

通过对民风、民俗文化的增补，积淀旅游管理专业学生的文化素养。旅游管理专业是旅游学、管理学、文化学等学科交叉的综合性专业，因此，对该专业学生进行大学语文教学，要适时适度增加历史文化知识，这也是提升该专业学生职业素养的重要途径。在教学孟元老的《〈东京梦华录〉序》时，首先通过说文解字让学生明白东京即汴梁，乃北宋首都，“梦华”即黄帝梦华胥之国。文中先追忆汴京之繁盛，从人物繁阜和四季佳节着笔，极而扬之；继而转为靖康之后避地江左的情怀，又见抑之。一扬一抑，可见作者对苟安的不满和警示。其次，对课本中并未收录的《东京梦华录》描述热闹繁华的北宋都城汴京市井生活、风土民情、城市建筑、商业服务、勾栏瓦肆及说书、杂剧、歌舞伎艺等方面，加以讲解，举一反三，触类旁通，通过古今开封城的对比，让学生明白历史文化传承是一种社会遗传的道理，丰富旅游管理专业学生的历史民风民俗文化知识，为就业提供强大的理论知识支撑。

通过对古代诗句名句的反复吟诵，培养播音主持专业学生的语言表达和审美能力。发音、吐字以及用声等基本功的学习和训练，是一名播音主持人必须具备的基本功底。能否不断提高专业技能关键取决于播音主持人人文素养的深浅程度。如何提高播音主持专业学生的人文素养，最行之有效的途径便是加强古代诗句名句的诵读。唐诗是中华文学的精华，从鉴赏到诵读，对于陶冶情操，丰富和积淀人文素养，培养播音主持专业学生的语言表达能力和审美能力意义非常。在教授张若虚的《春江花月夜》时，可让学生反复吟诵，通过联想和想象把语言文字还原成立体的、生动的画面，了解隐藏在文本背后的诗人的内在情思，领会诗歌的意境美、语言美。从而使诵读达到新的高度——“用心吐字，用爱发声”。

通过对古典诗文内涵的挖掘，提升高铁、航空服务专业学生仪态风范的职业素养。对古代优美诗句的诵读、积累，不仅会增强自身的文化素养，更会增强自身气质，我国的第一部诗歌总集《诗经》，共收录诗歌 311 篇，均为典范之作。其中，《诗经·小雅》部分宴饮仪式，体现了礼的规则和人的内在道德风范，洋溢着礼乐文化的精神。有的作品赞美贵族阶层的容貌和德行，才能与礼仪，颂扬温文尔雅、谦恭有德的彬彬君子，蕴含着温柔敦厚的儒者风范，委婉含蓄。作为服务专业的学生举止言谈要和善可亲，温文尔雅，因此，教师在课堂上教学《诗经》时要适当补充有关儒者风范的内容。对于《诗经》中蕴含有君子仪态风范的诗句，要求每位学生熟能成诵，同时利用课前十分钟演讲的机会让学生登台，谈一谈对“温柔敦厚”的职业感悟。用古典诗文中记载君子之风的语句规范自己的言行，提升典雅、庄重的职业素养。

第二，注重课外拓展与延伸，进行多维度、开放式教学，培养学生学习自觉性。

树立正确的语文教学观念，并不仅仅是在课堂中学习，同时也需要进行课外的延展。因为生活中，到处都有着语文的存在，局限于课堂或者是限定的古诗文，必然远离生活，学习效果也得不到保证。以课堂教学为基础，合理利用身边可用的语文课程资源，把学习延伸到课外，延伸到日常生活中。带着引导的目的去指导学生课外阅读、课外写作及活动，让学生通过实践提升语言运用能力，同时探索发现语文文学所蕴含的人文资源，激发课后学习的兴趣。教师也应该根据学生的想法，以传统文化为根本，利用课堂拓展活动对学生进行人文素养的培养，适当地安排写作课、书法课、鉴赏课、人物品评课，陶冶学生的情操，塑造健康的人格。此外，根据不同的专业的实际需要，多组织演讲、读书会、辩论赛以及各种形式的社会实践活动，让学生用辩证的思维去看待历史，这样对学生的深入性思考更有益处，学生的每一次参与，都将课堂、课外学习、活动完美地结合在一起。注重课外扩展和延伸，进行多视角、开放性的大学语文教学，是为了培养学生的学习自觉性，突破课堂的束缚，让学生主动了解和学习传统文化，继承和发扬传统特色。

第三，提高高校教师的文化素养，建立一支学术化的师资队伍。

“文以载道，教以载德”，要想完美融合传统文化与大学语文教学，就必须打造一支过硬的学术化师资队伍。“师者为师亦为范，学高为师，德高为范。”大学语文教师要精通学科专业知识，具备扎实的教育教学技能，深刻理解中华民族几千年积淀下来的优秀文化精神；对那些富有审美价值的文学精品具有鉴赏和审美表达能力；要取其精华，弃其糟粕，用发展的眼光审视、洞悉古人丰富而深刻的思想成果。深刻了解古代先贤的审美品性、人格品德、情感意志以及他们对人生、社会、自然的深刻体悟。鉴于大学语文不仅是语言文字教学，大学语文教师还应具备人情风俗、历史人物、自然科技、天文地理、伦理哲学等各方面知识。除此之外，高校也应重视对大学语文教师的专业培训，将其作为一项重要工作来抓，通过开展专业化技能展示、校本研修，使教师专业进修经常化、系统化。同时，高校还要进一步深化大学语文教学改革，将语文课列为每个专业的必修、必选课，让大学生在学习、掌握语言文字知识的同时，受到优秀传统文化的熏陶，促使人文学科知识内化为人文精神，并外化为行为习惯，以形成大学生相对稳定的品质结构，提高职业素养。

四、渗透民族精神到大学语文教学过程

（一）高校大学语文教学中民族精神培育的现状

通过查阅大量资料和在大量实践调研的基础上进行的全面分析，笔者总结认为，当前高校语文教学对大学生民族精神培育存在以下几个方面的问题。

第一，对大学生民族精神培育重视不足。很多高校语文课的课时少，同时时间安排也很不合理，部分学校对语文教学不够重视。2013 年，由湖北省大学语文研究会公布的《大学语文课程现状调查》结果显示，参与调查的 91 所高校中仅有 30.4% 的学校将大学语文列为必修课。陈彤在其关于调查中指出，认为有必要开设大学语文课的学生仅占所调查大学生的 71%，而 9% 的学生则认为没必要开设大学语文课程；仅有 6% 的学生认为大学语文教学有助于对学生进行民族文化、民族精神的培育与传承。通过该项调查可以发现，当前高校学生和教师对大学语文课程开设的必要性及重要性认识不足。

第二，人文性与工具性统一度较低，导致人文教育知识传授虚空。相关调查结果显示，当前大学语文教学内容对课文分析、能力训练及知识讲解更为注重，而对民族精神、人文精神的培育与传递的重视则相对不足。部分高校语文教学人员认为大学语文教学目标是帮助学生提高其文字表达能力与阅读能力，单纯将其作为一种工具，却忽视了其对大学生民族精神及人文精神的培育。

第三，语文课本缺乏创新性与整体性。通过查阅相关资料以及调研发现，

当前大学语文很多教材与教学内容都较陈旧，落后于时代步伐，明显缺乏具有时代特色、贴近现代生活的文学作品和教学内容。通过对大量高校的语文教材进行研究后发现，大部分高校的语文教材在体制、体系上都未做彻底改变，内容难以适应教学需要，与社会生活脱节，缺乏吸引力，因而也就难以激发学生的学习兴趣。

第四，教学模式仍以教师为中心，难以激发学生对民族精神自主学习的积极性。通过查阅相关资料，当前大部分大学语文教学中仍以教师为主体，采取传统的“教师讲，学生听”的教学模式。教学手段过于单一、枯燥。对现代科学技术教学手段如多媒体的应用等较为缺乏，并且也缺少相应的社会实践活动。

第五，高校对民族精神、传统文化的深刻认知不足，造成对民族文化及民族精神传承的忽视。大部分学生对民族精神的概念及内涵缺乏了解，现在部分高校、大学语文授课者、大学生存在对民族精神、传统文化认知不足的问题，所以，必然有忽视的行为发生。学生对传统文化没什么兴趣，对文学名著阅读较少，且极大一部分学生认为读书仅是为了应付考试的需要，功利性的快餐阅读成为必然，而对文学内涵的深悟却是无从谈起。认识的不足导致了行动的怠慢。总的来说，当代大学生对传统文化认知不够深入，且对传统文化与民族精神的学习积极性不高，传统文化意识较为薄弱。

（二）原因分析

第一，受市场经济及全球化的负面影响，民族精神认同感与民族文化认同度下降。因市场经济的冲击、西方文化强势渗透，国内民族文化、民族精神认同度有所降低，进而导致当代大学生民族精神认同感有所下降。

第二，学校与社会重视不足，大学语文课程创新教学理念相对缺乏。目前，汉语在国际上的地位正日益提高，并引起了“汉语热”“中国热”等现象，而国内大学语文教学地位则正处于边缘状态。造成这一现象的原因主要是当前国内高校对语文教学重视不足，大学语文教学人员缺乏创新教学理念与创新教学思维。过于重视对学生文字表达与阅读能力的训练，忽视对语文教学中情感及意旨的表达和传达，也必然导致语言内在审美及精神内涵遭到破坏。

（三）解决措施

第一，需要教育主管部门、社会与学校的重视及支持。学习语文知识、培养能力、培育民族精神应成为大学语文的三大主要教学任务。而将其作为传统文化、民族精神的必修课，有助于培育学生的民族精神，与其本身性质及时代需求相符合。著名教师于漪认为中文教育并不是认字、背语句、阅读、写文章，而是在引导学生对祖国语言文字进行理解的同时，使其受到传统文化、民族精神的熏陶。其他国家对学生民族精神的培育极为重视，把它作为国家生存与发展的基础性工作。近年来，国内对大学语文课程在传统文化及民族精神的传播与培育中的作用也日益重视，该课程在社会中的地位也多有提高。2014 年 10 月，西南政法大学两个学院在将大学语文课程取消 8 年后重新将其作为必修课，以提高学生对本国文化的认同感，将中华优秀传统文化传承并传递至国外。由此可见，对大学生民族精神培育的重要性已逐渐为学校、社会所重视。

第二，引导经典阅读，发掘民族精神育人资源。强化对经典文学作品的阅读引导可快速有效地增加学生信息吸收量，激发其语文学习的积极性，进而培养其爱国情感、加深对传统文化的认知、提升自身人文素养。诸子文章、诗词曲赋、民间文学、戏曲文学等均是传统文化的重要载体，蕴含着中华民族几千年来的民族文化与民族精神的精髓。因此，在高校语文教学中应注重对学生经典阅读及学习的引导，使其在阅读与学习中更为深入地了解传统文化，增强其民族文化认同感与民族自豪感。因此，教材的精心编纂是必须的。东南大学的“大学语文”课程教材，其教材内容以文学史为纲，并根据中国简明文学史的相关要求将文学史上影响深远的诗人、词人、戏曲家、散文家等加以重点介绍，以帮助学生对之前所学文学知识进行梳理，对中国文学简单构建有所了解。

第三，优化教学过程，创新教学手段，激发学生学习积极性。高校语文的教学语境应该是大众文化，改变传统教学思维，对教学方法、教学手段以及教学内容加以创新，以满足学生学习需要，激起学习兴趣。此外，高校语文教学还应适当引导学生进行实践研究性学习，为其提供阅读与写作机会，帮助学生学会对文化精品进行欣赏、提升思考能力、感悟能力及想象力，并最终养成阅读与写作的良好习惯。教学过程中应尽量增加与学生的互动、交流与探讨。比如，可于课前布置一些专题任务，让其分组完成，共同查找资料并进行讨论；鼓励学生表达个人观点；推荐小组代表进行班上交流，活跃课堂学习氛围。在全球网络化的今天，高校语文教学改革刻不容缓。教学人员在进行大学语文教学时应尽量向学生介绍一些文学媒体、语文知识网站，充分利用互联网在教学中的辅助作用。教学内容应尽量视听结合、图文并茂，以增强教学效果，从而提高教学质量。比如，在进行古诗词讲授时，教师可运用现代化科技手段将画面、音乐等与诗词相配以投影的教学形式进行，将相关资料融于其中，让学生感觉身临其境，在学习的同时获得美的感受，加深其对传统文化的认同感。2015 年 7 月在南开大学召开的“全国大学语文教学教学研讨会”指出，高校语文教学当务之急应转变传统教学观念，积极适应现代网络信息技术条件下大学语文教学模式以及新一代大学生文化心态的改变，积极实践，为新型教学经验及成果的创造而努力。

第四，课内外教学相结合，通过强化文化认同，促进高校弘扬和培育民族精神。高校语文教学进行文化构建及学生民族精神培育的过程即学生独立思考、深层体悟的过程，是其主体意识觉醒和形成内在精神的过程。因而，高校语文教学应将学生的主体地位落到实处，将学习时间、空间交还给学生，使其能够在实践中增加体验与感悟，从而形成其自身情感、态度以及价值观。高校开展各项有意义的教学实践、社会实践等活动均有助于民族精神的弘扬与培育，在教学实践中应适当将民族精神教育延伸至课外，将教学内容及教学空间进一步延伸至图书馆、互联网以及社会，加强对学生的引导，帮助其提高对社会生活各种现象的洞察力。

此外，语文教学与文学素质类课程教学相结合，并在此基础上开设诗词格律与创作等选修课，可满足学生进行继续学习的需求。将高校语文教学与实践、校园文化活动、学生社团活动相结合，有助于丰富学生社会阅历、提高阅读写作水平、增加对传统文学兴趣，这也是高校语文课程特殊的育人魅力的有力证明。

大学语文以传承中华文化为宗旨，因而在提高学生语文水平方面，还应充分发挥课堂教学主渠道的作用，将民族精神相关教育内容予以适当分解并将其渗透到语文课堂教学中，增加学生对传统文化的了解，提高民族文化认同感与自豪感，进而提升其国家意识，增强民族自信心与民族自豪感，确保中华文化能够得以传承与弘扬。

第三节　提升大学生的语文写作能力

大学语文教学中开设写作课程，不仅可以提高大学生的语言表达能力、应用文写作能力，还能够帮助大学生加深对专业课程理论知识的理解，进而帮助大学生掌握更多的专业技能知识，促进大学生全面发展。但是现阶段，很多高校在语文教学中不重视大学生写作能力的培养，致使大学生在需要写作应用文时不知所措，甚至连自己的毕业论文也不会写。因此，大学生写作能力的培养值得每一所高校高度重视。

现阶段很多高校一味追求学生的高就业率、学生的分数，在语文教学中不重视学生写作能力的培养，仅仅是照本宣科地讲述理论知识，教师也很少布置相应的作文作业，平时只有有写作爱好的大学生才会去写作，这使得大学生整体写作水平不高，甚至于连简历和毕业论文也存在严重的雷同现象，这是语文教育的失败，更反映出了高校对大学生语文写作能力培养的不重视。因此，要想提高大学生写作水平，高校在语文教学过程中要重视学生语文写作能力的培养。

一、大学生写作能力培养的重要性

第一，大学生写作能力的培养可以提高大学生的语言表达能力、人际交往能力等，能够为大学生在社会上立足奠定基础；第二，大学生写作能力的培养可以提高大学生使用措辞的灵活度，在日常的写作应用过程中能够得心顺手，帮助大学生充分施展自己的写作才华，提高大学生的文学修养；第三，大学生写作能力的培养可以帮助大学生解决工作中遇到的各种困难，比如轻松撰写工作报告、工作总结、求职信等，自己晋升也可以轻松撰写职称论文和专著等，促使大学生抓住各种工作机会。

二、大学语文教学中大学生写作能力培养现状

众多的理工科院系仍然没有认识到写作能力的培养对于理工科学生也具有重要意义，一些高校众多的理工科院系到目前为止未开设“大学写作”课程，也没有开设“大学语文”课程，很多理工科学生的母语水平和人文素养仍然停留在中学生的层次上。

文学院的“写作训练”开设于大学一年级，经历了高中的应试教育以后，许多新生对经典作品的阅读面窄量少，许多基于学生一定阅读水平基础上的写作教学活动无法开展。同时部分学有余力的学生，却又对带有“补课”性质的写作教学内容感觉“意犹未尽”。笔者建议应当推迟到大学二年级（至少是大一下学期）开设写作课程，同时在三年级或四年级开设“高级写作”的选修课，以满足部分学生进一步研究性学习的需求。

对于其他院系的“大学写作”课而言，除了存在新生阅读障碍的问题，还存在着课时偏少、缺乏统一课程标准、缺少针对各专业的文体写作教材等问题。“大学写作”一般均设置为一学期，2 个学分。一学期 36 个课时的教学时间除去写作训练和随堂考试的时间以外，留给教师的讲授时间寥寥无几。同时由于开课班级学生专业各不相同，所需教授的应用文体也大相径庭，没有分类细致的教材不说，一些写作教师也是半路出家，对于一些较为专业的应用文体缺少实际经验。笔者认为较具有操作性的方案是：让某位教师较为

固定地教授某专业的“大学写作”课程，同时鼓励其针对所教专业，自编部分讲义。

三、大学语文教学中的写作渗透方法

由于学生中普遍存在着“写不好作文—害怕写作文—不愿意写作文—更写不好作文”式恶性循环的厌学心态，笔者在教学过程中尝试营造良好的学习氛围，探索了一些教学方法。

（一）精神鼓励法

按照惯例，开学第一次写作课都会安排一次水平测试以考查本班学生的实际写作能力，以便因材施教。笔者认为应当特别重视学生的第一次作文，对每位学生的作文都给出详细的以赞扬、鼓励为主的批语，不放过文章的任何一个闪光之处。即使是基本功较差的学生，也应当从修辞、字迹乃至于写作态度等诸方面给予适当肯定，以努力培养学生的自信心。同时，在以后的作文批改和评讲过程中也应当注意指出学生的点滴进步，每次评讲课上都安排 2 ～ 3 名水平较高的学生上台阅读自己的作文，在班级营造一种良性竞争的气氛。为了激发学生课堂外自主创作的热情，笔者在班级留下电子邮箱，欢迎学生匿名寄来习作并及时批改回复，同时积极向相关报纸杂志推荐学生优秀习作。

（二）成绩奖励法

俗话说，“分、分、分，学生的命根”，大学生也不例外。笔者在开学之初就向学生宣布了平时成绩奖励制度，从学生有创意地主动回答问题、主动上台演讲，到在报纸杂志上发表作品，都按约定给了相应的平时成绩奖励。同时对作业成绩实行多次批改、择优给分，鼓励学生对所作文章进行反复修改。这一奖励办法较好地激励了学生的学习积极性，活跃了课堂气氛，同时也取得了较为理想的教学效果。

（三）因材施教法

笔者认为，在教学实践中要从教育心理学的角度出发，研究教学实践的对象——学生。教学活动必须按照学生的心理发展规律，以有利于发展学生的智力、能力和个性等方面为原则来展开。要把教学内容与学生巧妙地结合起来。教师在备课中既要备教材、备学科前沿动态，更要备学生。所谓备学生，笔者觉得至少包括以下三点内涵。一要了解学生的知识结构。同样的教学内容，给不同院系的学生上课时，应当有所侧重，在给美术系学生讲“意境”时，可以结合中国画用墨的浓淡、空白来讲解；而给音乐系学生上课时则可结合《琵琶行》中音乐的疏密、停顿来讲解。二要了解学生的兴趣爱好。对于学生的兴趣爱好要注意加以引导，而不要以自己的认识加以贸然判断。笔者曾经发现部分学生喜欢读一些“口袋书”——比较低级的通俗小说，笔者没有断然否定，而是趁势给学生分析了“口袋书”模式化的构思和套路化的表达方式，既引导了学生的阅读兴趣，又传授了写作知识。三要了解学生的能力水平。对于不同的学生，由于起点不同，所以教学重点应有不同，预期教学效果也应有层次区别。

（四）作品阅读分析法

阅读与写作是一对“孪生兄弟”，写作者想要具备良好的表达能力首先要具有良好的文学鉴赏能力和艺术感受能力。写作者对优秀作品的阅读，可以培养学生的鉴赏和感受能力，拓宽学生的视野。作品的选择应当符合学生的认识水平、接受能力和情感趋向，同时应当具有可操作性。例如，教师选择《背影》作为例文，师生共同分析、讨论细节描写在人物塑造中的作用，这就很符合大一新生阔别亲人、负笈他乡的心境。又如选择爱情题材的《王桂庵》作为例文，重点讲述炼字炼句的重要性和语言含蓄、蕴藉的特点，符合学生的情感趋向，教学效果良好。

（五）任务模拟法

在应用写作单元中，教师可以结合所讲内容进行任务模拟训练，让学生在设定的工作任务中认识体会写作的实际状况，理解应用文写作的行文规则，掌握不同文体的写作方法，在实践中锻炼培养学生的实践能力。在教学中笔者将文体内容分解为若干个单元，通过特定的假定任务将相关文体贯穿在一起，促使学生动手动脑、积极参与。例如，在讲完行政公文和常用事务文书后，设计召开南师大学生代表大会，围绕这个会议，让学生商讨怎样运用各种文体来组织会议，以保证会议的顺利展开。比如，如何请示上级领导部门批准召开会议，请示时如何处理团省委和省学联的关系，如何向与会人员发布通知，如何向兄弟学校及领导发出邀请，会后如何就大会情况进行会议记录，如何在会后形成会议纪要。在训练中我们要求每位学生至少要扮演三种以上角色，完成其中至少三种文体的写作（请示、批复、通知、函、请柬、会议记录、会议纪要等）。这种训练有利于学生处理实际工作的能力的培养和综合素质的提高，效果较好。有学生反馈，在秘书岗位公务员面试中就碰到了同样的题目，完成得非常顺利。

综上所述，大学生写作能力的培养不仅可以提高大学生的语言表达能力，提高大学生写作各种应用文章的能力，还可以提高大学生的文化修养，促进大学生全面健康发展。现阶段大学生写作能力的培养还存在很多不足之处，文学院相比理工学院情况好些，但是整体而言水平普遍不高，原因在于高校不重视大学生写作能力的培养，一味追求大学生的考试成绩和就业率。因此，高校在语文教学过程中要不断渗透写作方法，在帮助学生提高语文课程学习成绩的同时，提高大学生对专业课程知识语言的理解能力，促使大学生提高学以致用的能力，最终促进大学生全面发展。

第三章　大学语文课程与中华传统文化

第一节　中华传统文化的精髓

一、文化的载体，历史的折光——汉字

汉字是世界上最古老的文字之一，它是记录汉语的书写符号。正因汉字的存在，才使得我们民族的优秀文化知识得以记录、保存、流传至今。曹明海教授认为："语言、文字属于符号系统，是文化传播与发展的重要手段，同时又是文化现象，是人类文化的重要组成部分。它作为一种重要的文化符号，是人类进入文化世界的主要向导。"马林诺夫斯基也说过："语言是文化整体的一部分，但是它并不是一个工具的体系，而是一套发音的风俗及精神文化的一部分。"中国台湾著名诗人余光中在接受央视采访时曾说："中华民族是一个圆，周长可大可小，圆心无处不在，而半径就是中文（汉字），汉字就是中华民族的向心力。"

汉字是审美型文字。四声使汉字读音优美动听，平上去入，抑扬顿挫，使诗歌创作合辙押韵、朗朗上口。语文教学，特别是诗歌教学中要善于通过对汉语音韵美的体味来体会意境，把握情感。六书造字使汉字形式灵活又体态万千，美丽直观又清晰可辨。书法艺术的发展使汉字的美不断得到丰富和升华。王羲之的《兰亭序》用笔细腻、结构多变，通篇气势完足，神清骨秀，被誉为"天下第一行书"。传说唐太宗李世民对《兰亭序》十分喜爱，死时将其殉葬昭陵，留下来的只是别人的摹本。颜真卿的《祭侄文稿》用笔沉涩凝重，飞扬劲疾。时而浓墨重写，有如黑云压城；时而渴笔驰骋，好似狂风扫叶。茂密处如千军聚围，水泄不通；疏朗处为旷野走马，空阔无限。全文 25 行 268 个字，一气呵成，大有一泻千里之势，被誉为"颜体行书第一，天下行书第二"。唐代草书大家张旭，被人称为"草圣"，其狂草千变万化，极尽诡异变幻之能事。有人将其归纳为三个特点：其一为"狂"，一气呵成，始终一贯，保持一种气势；其二为"奇怪""变态"，如"游云千万朵"，

变幻莫测，不易捉摸；其三是“可畏”，其作品摒弃研美、纤弱的病态，产生一种大石压顶之感。怀素的书法热情奔放、豪迈恣肆，其笔画书写交错连缀、跌宕起伏、气贯神通，把汉字的美学价值张扬到了无以复加的境地。鼓励学生练习书法，欣赏书法，在浮华躁动的当今社会，不仅在文化教学上有重大意义，也有利于学生个性化发展，使学生的审美标准、人格修养及自学能力得到进一步的提高。这也是素质教育的一部分。

汉字属表意文字，每一个文字都蕴含着丰富的文化意蕴，折射出生产、生活、民俗及历史等信息。比如“秦”字的由来就有一段历史故事：在秦始皇之前，秦字的写法和现在不一样，被写作“琹”，上边两个“王”字，下边一个“木”字。而现在这个“秦”字，传说为秦始皇所造。秦始皇在灭六国统一全国后，为定国号的事很伤脑筋，如仍叫“琹”，但“琹”字中有两个“王”，而一国是不能有二王的。于是他决定造个同音字。有一天，他问臣下：“自开天辟地以来，谁的功绩最大？”有一臣子答道：“从开天辟地，功过是非都记载在《春秋》中。”嬴政一听，高兴地说：“寡人乃千古一帝，就占春秋各大一半为国号吧。”嬴政提笔写了一个“秦”字，说：“寡人取‘春秋’二字各一半合为一个秦字，以代‘琹’字为国号如何？”众官齐赞，随即立国号为秦，嬴政自称秦始皇，“秦”字由此而来。再比如杯子的“杯”字反映出古人生活的信息，即当时的杯子大多为木制。

“嫌”“妾”“奴”“妒”“娄”这些带有贬义色彩的词都有“女”字旁，反映了古代妇女地位的低下以及对妇女的偏见。“夫”字从“大”，“一”象征簪子，意思是大丈夫在20岁成人礼时要用簪子束起头发以表示成人，反映了当时的民俗。“婚”由“女”和“昏”两个字组成，古语中有“男以昏时迎女”，也就是晚上的六七点。这个字也与抢婚的风俗有一定的联系，“婚”通“昏”，天黑了才好抢媳妇，抢完了就跑，为了使新娘认不清回家的路，还得在她的头上蒙一块布，这就是盖头的由来。因此从一个“婚”字，我们可以了解到古代的一些婚姻习俗。而“取”字中的“又”，甲骨文像手之形，古代战争中此方杀死敌人后要割下敌人的耳朵作为战胜的凭证，反映了当时的历史制度。

因此，在汉字教学中应努力追求汉字教学的三味：文学味、文化味、美学味，尽量将词语、成语、诗词、美学原理、地理、历史、民俗、古文化常识等熔为一炉。

二、儒、道、佛的思想

中华优秀传统文化具有多元性、复杂性，但在长期的发展中逐渐形成了以儒家为主干，佛、道为两翼的中华优秀传统文化主体。

儒家是春秋战国时期形成的以孔子为代表的一个学派。儒家文化作为中华优秀传统文化的主流，在漫长的历史长河中深深地影响了中国古代社会的发展，是中华民族智慧的结晶。一位诺贝尔奖得者在巴黎发表宣言时说："如果人类要在21世纪生存下去，必须回到2500年前去吸取孔子的智慧。"儒家文化的思想精髓对我国当代大学生仍然具有重要的借鉴意义。

儒家思想博大精深，其核心是一个"仁"字。孔子的"仁"包含如下几种含义。其一是说"仁者，爱人"，凡是人都有"仁"性，能对别人的痛苦和欢乐产生共鸣，有一种博大的同情心。其二是说要有宽容忠恕的精神，一方面要努力做到"己欲立而立人，己欲达而达人"，自己希望有所建树，希望达到某种目的，就要想到别人也有同样的心愿，要想法成全别人，这就叫"忠"。另一方面要做到"己所不欲，勿施于人"。自己不喜欢的，也不要强加于他人。也就是要推己及人，凡事都要设身处地地为他人考虑，这叫作"恕"。仁爱之心，是我们之所以能为人的根本，多年的教育，绝不是要我们做高学历的冷漠的人，而要在生活中多换位思考，对他人多关心、多体谅。仁爱之心，永远都不会过时。其三是说"克己复礼为仁"，即要求人们克制自己的欲望，努力为恢复周礼而奋斗。"礼"是约定俗成的社会行为规范，是"仁"的外在表现，《论语》便是"仁"与"礼"的哲学。

儒家思想将"信"列为"五常"之一。孔子在《论语》中直接提到"信"达35次之多，孔子指出"民无信不立""人而无信，不知其可"，他告诫人们人与人之间若缺乏最基本的诚信，将寸步难行。孟子曰："是故诚者，天之道也；思诚者，人之道也"，他认为，诚信是天地间自然的规律，而追求诚信是做人的规律。当今大学生存在严重的诚信危机：抄袭作业、剽窃他人论文、旷课请人谎报姓名、伪造获奖情况、虚造简历等。诚信不仅应该是大学生应该具备的基本品格，而且也是大学生的立身之本，无论将来从事什么职业，诚信都是走向成功的根本保证。

在儒家思想里，"义"是重要的道德原则，也是中华传统道德精神的精髓。所谓"义"是指为他人、社会所需而致力的一种德行，它是客观的需要，而不是主观的认识。孔子有云："不义而富且贵，于我如浮云"，强调君子为人处世要将"义"放在首位，并提出"君子喻于义，小人喻于利"。孟子继承并发展了孔子的思想，在"义"与"利"发生冲突时，他主张重义轻利，孟子有云："鱼，我所欲也，熊掌，亦我所欲也；二者不可兼得，舍鱼而取熊掌者也。生我所欲也，义亦我所欲也；二者不可兼得，舍生而取义者也。"孟子以鱼与熊掌不可兼得来比喻舍生取义的价值取向。我国正处于经济高速发展时期，不可避免地会产生一些消极或腐败现象，但是，作为大学生，应该对经济形势的发展规律有清醒而深刻的认识。

儒家经典中还蕴藏着许多关于学习的精辟论述，如“学而时习之，不亦乐乎”“学而不厌，诲人不倦”“学而不思则罔，思而不学则殆”“三人行，必有我师焉。择其善者而从之，其不善者而改之”“知之为知之，不知为不知”等，对后人都有借鉴作用。

可见，儒家优秀传统思想所倡导的“仁、信、义”等价值理念，充分体现了人文精神和伦理思想，对于培养大学生的人文精神、塑造大学生健全的人格有着极其重要的作用。

道家是中国春秋战国时期诸子百家中最重要的思想派别之一，先秦道家以老子、庄子为代表。道家思想的核心是以“道”为本，认为“道”是宇宙万物的根源。无为论是老子政治思想的总纲，老子主张顺应自然，他说：“人法地，地法天，天法道，道法自然。”这里所说的“自然”就是指万物原来的状态，“道法自然”即听其自然、顺应自然，要按自然规律办事，因此道家的无为不是什么都不去做，而是要顺应、尊重客观规律不要强做妄为。当今，我们的生态环境日益恶化：全球气候日益变暖、土地日益贫瘠、空气和水污染严重，道家的生态伦理思想给我们人类提供了宝贵的思想。而在现实学习与生活中，虽然我们都在嘲笑拔苗助长的愚蠢，却又有多少人在不自觉地犯着这样的错误。以“无为”的态度去对待人生，就是顺应时代潮流，顺应社会规律，这样才有可能达到“有为”的境界和效果。

老子提倡辩证统一的思想，老子认为无论人类社会还是自然界，都存在大量的矛盾，他提出了一系列的矛盾概念，诸如大小、高下、前后、难易、生死、吉凶、祸福等。他不仅看到了矛盾，还看到矛盾的双方处在对立统一之中，都是相互联系、相互依存的，这是永恒的道理，他说：“天下皆知美之为美，斯恶已。皆知善之为善，斯不善已。故有无相生，难易相成，长短相形，高下相倾，音声相和，前后相随。”他还看到了任何矛盾的双方无不向其相反的方面转化，他说“祸兮福之所倚，福兮祸之所伏”“甚爱必大费，多藏必厚亡”，老子无时不在提醒我们物极必反，做事不可极端。

老子极力推崇“柔弱胜刚强”的主张，他说：“人之生也柔弱，其死也坚强；草木之生也柔脆，其死也枯槁。故坚强者死之徒，柔弱者生之徒。是以兵强则灭，木强则折。”无论人类还是草木，在出生时都是柔弱幼嫩的，具有旺盛的生命力，枯槁了会走向死亡。用兵逞强就会遭到灭亡，树木到了非常高大的时候也会被砍伐。老子认为，这些现象说明：柔弱是新生事物的标志，柔弱的东西是不可战胜的，刚强的东西面临的却是死亡。如何理解老子所说的“柔弱胜刚强”？当一般人都以刚强为美德的时候，老子却发现了柔弱的价值，这正是老子思想的深刻之处。但老子所说的柔弱并不是懦弱和消极，而是一种迂回曲折的生存方式。庄子说：“且夫得者，时也；失者，顺也。安时而处顺，哀乐不能入也。此古之所谓悬解也。”他认为，人生在世，得到了什么是碰到了时机，丢掉了什么也是生活中常有的事情。自然规律既然是不可违背的，那么最聪明的办法就是顺其自然、安之若素了。人生在世总有这样或那样的不如意，当我们在现实中碰得头破血流、灰心丧气时不妨学学道家的柔弱之处，不妨学学庄子的旷达超然来获得内心的平静和谐。

佛教是对中国文化影响最大的外来宗教，它在中国的发展过程中与中国文化互相影响，最终与中国文化融合，成为中国文化不可分割、不可忽略的组成部分。佛教对中国文化产生了广泛而深刻的影响，主要表现在：对中国的哲学、古典文学的影响。从魏晋的玄言诗到南北朝的山水诗，从唐诗到宋词，无不受到佛教思想和佛教艺术的深刻影响。佛教鼎盛时期的唐代，诗人崇奉佛教的很多，最有代表性的就是王维，他的诗对佛典的运用达到了炉火纯青的程度，富有禅机，饱含理趣。佛教对中国古代小说的创作影响也很大，小说在故事来源、体裁和构思等方面，无不受到佛教思想的影响。如《封神演义》中哪吒太子的故事，就是出自佛书之中。《西游记》中菩提法师在半夜传法术给孙悟空的情节就是从弘忍法师半夜传衣钵给六祖慧能的故事演变而来的；对中国传统艺术的影响，佛教丰富了中国传统艺术的形式和内容。如佛教石窟的开凿、佛教寺塔的修建等，同时佛教壁画也开启了中国佛教绘画的发展之路。

三、中国古代文学的永恒魅力

中国古代文学历史悠久、源远流长，是中华优秀传统文化中最灿烂的瑰宝。文学是社会生活的反映，是一个民族思想情感的火花，又是通过特定的语言作为表达工具的艺术形式。因此，中国古代文学在主题、题材、表现手法、艺术形式与风格等方面都具有鲜明的民族特点，深刻、生动地体现出中国优秀传统文化的基本精神、中华民族的文化心理和审美追求。

中国是诗歌的国度，不仅诗歌创作历史悠久，而且名家辈出，诗作浩繁。春秋时期，在以北方黄河流域为中心、南至江汉流域的辽阔土地上，独特的文化、风土民情孕育出我国第一部诗歌总集《诗经》，共收入西周初年至春秋中叶500余年间的诗歌305篇。《诗经》语言优美、朴实自然，其结构常采用重章叠句的形式，回环往复，富于韵味。《诗经》开创了一系列艺术表现技巧，后人将其归纳为“赋、比、兴”的创作手法，不仅使诗歌的叙事更流畅，而且使得感情抒发变得更加含蓄、婉转，更能创造出语短情长的意境，这也成为后代诗歌创作所广泛采用的基本艺术手法。战国时期，在位于南方江汉流域的楚国，独特的山川风物、神秘的民俗文化孕育出一种瑰丽浪漫的诗风，造就了我国诗歌发展史上的又一座高峰——楚辞。楚辞以楚地的民歌、巫歌等地方曲调为基础，以楚地的方言歌颂当地的风土人情，句式参差不齐，句尾多用“兮”字，充满了浓郁的地方色彩。其代表人物屈原的作品有强烈的爱国精神和浪漫色彩，对中华民族精神的形成起过重要作用，因此鲁迅先生说：“其影响于后世之文章，乃甚或在三百篇以上。”之后的汉乐府诗以广阔的视角多角度地反映当时人们的社会生活和思想感情，语言朴素生动，艺术成就很高；建安文学则具有慷慨悲凉的阳刚之气。唐宋是中国古代封建制度的鼎盛时期，也是中国古代诗歌的巅峰时期，呈现出名家辈出、诗体大备、异彩纷呈的局面。

在中国传统文学观念中，诗文一直被视为文学的正宗。诸子散文以《论语》《墨子》《孟子》《庄子》《荀子》《韩非子》为代表，其结构严谨，讲究文采，特别是《庄子》散文，擅用神话和寓言，把深刻的哲理寓于生动形象而又扑朔迷离的情节中，充分施展想象，塑造出扶摇直上的鲲鹏、侃侃而谈的蝼蚁等具有象征意义的形象，创造出奇幻的艺术境界，其洒脱不羁的性格、绝对自由的精神追求、愤世嫉俗的情绪，对后世文学产生了巨大的影响。《史记》原名《太史公书》，记载了我国从远古直到汉武帝时约3000年的历史，是我国第一部纪传体通史，《史记》是一部史学名著，又是一部文学名著，《史记》中的传记以描写人物为中心，生动形象地展现了社会历史的广阔画面，有着强烈的艺术魅力。唐宋时期出现了唐宋八大家，尤以韩愈、苏轼成就最高，他们笔力雄健、气势恢宏，故有“韩潮苏海”的美称。赋最初是“诗”的六义之一，后来逐渐从诗歌创作中分离出来，汉代是赋发展的黄金时期，它介于诗歌和散文之间，韵散兼行，可以说是诗的散文化、散文的诗化。

小说、戏曲属于通俗文学的范畴，在古代传统文学观念中，历来被视作不能登大雅之堂的末枝，所以，小说和戏曲在古代文学中起步、发展都相对较晚。明清时期是古代小说的鼎盛时期，出现了《三国演义》《水浒传》《西游记》等优秀的小说。《红楼梦》既是中国古代小说的巅峰之作，也是中国古代小说的绝响，它唱响了中国封建制度、封建文化的挽歌，而古代小说的创作也随着封建文化的衰落陷入了沉寂。元曲是元代代表性文学，包括杂剧和散曲，元杂剧作家中，关汉卿、白朴、马致远、郑光祖代表了元杂剧在不同时期的不同创作风格，被后人称为“元曲四大家”。明清时期中国戏曲继续发展，汤显祖的《牡丹亭》成为中国古代戏曲的优秀代表作品，清初后期的“南洪北孔”是清传奇的两座高峰，洪升的《长生殿》和孔尚任的《桃花扇》集前人传奇之大成，成为古代传奇的艺术顶峰。

不同时期不同的文学体裁，展示着不同的艺术风格，它们都是中华民族宝贵的文化财产。古代文学作品中表现出的对勤劳、诚实、勇敢、执着、坚贞、忠义等中华美德的颂扬是我们最为形象的教材。学习中国古代文学，不仅可以得到知识的熏陶，还能提升人文素养和思想素质。

四、异彩纷呈、绚烂多姿的中国古代艺术

中华优秀传统文化异彩纷呈、绚烂多姿，中国古代艺术是其中一颗耀眼的明珠。早在传说中的五帝时期乃至更为久远的时代，原始巫术就催生了音乐、舞蹈、绘画和雕塑，之后的原始彩陶和青铜纹饰形成了远古艺术的两个高潮。秦汉以后，各种艺术门类争奇斗艳、百花齐放。中国古代艺术全面繁荣、飞速发展，在中国历史上掀起了一个又一个狂澜，取得了令世人瞩目的辉煌成就。

中国古代音乐舞蹈相当发达，《六艺》中的《乐》就是一部关于音乐的重要典籍。《诗经》的305首诗歌其实就是当时的歌词，十五国风基本源于民间的歌谣，大雅小雅则以贵族乐歌为主，颂是宗庙祭祀的乐章。汉乐府广泛采集各地、各民族的民间音乐，影响深远。两汉舞蹈百技纷呈，是俗乐舞文化的高峰。著名的《盘鼓舞》是汉代宫廷和民间都极喜欢的俗舞，技艺极高，舞人在鼓或盘上踏节应乐而舞，这在汉画像砖上保留有不少形象。汉代的长袖舞和巾舞也极受欢迎，以柔软回旋、飘逸多变的巾绸和长袖的抛曳飘飞、舞动环绕体现宇宙的空旷无限，使人产生广漠感。唐代是中国文明蓬勃发展时期，唐代舞蹈文化灿烂辉煌，达到了巅峰。唐太宗李世民亲自排演声势烜赫的《破阵乐》，至今在日本宫内厅乐舞中保留遗韵。唐玄宗更是一位善作曲、能伴舞、多才多艺的风雅皇帝。唐代的燕乐舞文化也很有影响力，有名可考的表演性名舞达百余个，为古代之最。《剑器》《霓裳羽衣》《兰陵王》等千古名舞，更成为人类艺术的明珠。宋元时期，在大城市中，有许多叫“瓦子”的地方，瓦子内拦成一个个的圈子叫“勾栏”，是专门表演各种技艺的固定场所，表演项目包括杂技、说书、皮影、傀儡戏、舞剑以及舞旋等。当中的民间舞蹈及舞蹈性较强的歌舞节目，深受市民的欢迎，在中国舞蹈史上占有一席之地。杂剧和散曲是元代音乐的代表。明清时期，民间音乐相当繁荣，流行的艺术形式有民歌小曲，说唱艺术的弹词和鼓词，各种歌舞小戏以及逐渐形成的地方戏，如京剧、汉剧、川剧等，京剧在中国戏曲史上

有着特殊的地位和贡献，它至今仍活跃在戏曲舞台上，为中国和世界人民所喜爱。这一时期，少数民族音乐也得到较快的发展，如苗、彝等南方少数民族的史诗性歌曲，维吾尔族的木卡姆和藏族的“囊玛”“藏戏”等得到进一步发展或趋于定型。

梁思成认为：“艺术之始，雕塑为先。盖在先民穴居野处之时，必先凿石为器，以谋生存；其后既有居室，乃作绘事，故雕塑之术，实始于石器时代，艺术之最古者也。”从梁思成的话中我们可以看出我国雕塑艺术历史悠久，公元前4000年，石器和陶器的出现就拉开了中国雕塑史的序幕。最早的雕塑是新石器时代的陶塑和陶器。夏商周时期的雕塑是中国雕塑史上的鼎盛时期，其中最有代表性的是青铜艺术。商周的青铜器造型巧妙、威严神秘、精巧绝伦。青铜艺术在秦始皇时走向了没落，代之而起的是陶俑艺术。秦始皇陵兵马俑是秦汉时期雕塑艺术的著名代表，兵马俑数量众多、形态各异、栩栩如生，充满阳刚之美。魏晋以后，宗教造像的狂热笼罩了中原大地，由于佛道造像主要是石雕和泥塑，因而这一时期被称为“土石时代”。比较有代表性的是北方的佛教石窟造像，保存下来的主要作品有敦煌石窟、云冈石窟和龙门石窟等。山西大同的云冈石窟，佛像体态丰隆，面貌庄严，具有明显的中土化特征。到了河南洛阳的龙门石窟，一部分仍然保留云冈石窟的风格，一部分则广泛吸收中原文化的元素，造型清秀，气度不凡，衣带飘舞，举止翩翩，宛若中原雅士。从彩陶时代到土石时代，中国雕塑始终保持着以塑为主，以刻为辅的表现传统。中国的雕塑在一定程度上依存于建筑，雕塑画柱比之西方尤为重要，尤为普遍，这是中国雕塑和西方雕塑艺术的不同。

作为文明古国，中国绘画的历史十分悠久，早在原始社会的新石器时代，中华先民就已经在中华大地上精心地描绘自己观察到的事物。这个时间距今有7000多年。以介质而论，最初的绘画是画在岩壁上或器物上，逐渐地又发展到墙壁、绢帛、纸张上。经过几千年不断地探索和创新，中国绘画独树一帜，逐渐形成了鲜明的民族风格和民族气派，创立了独特的绘画美学体系，在世界绘画艺术中，成为东方艺术的典型代表。

五、中国传统节日文化

随着经济全球化的浪潮，西方节日在中国越来越被国人所接受，许多学生热衷于过情人节、圣诞节等洋节，中国传统节日如七夕节、重阳节等却被冷落。2005年，韩国“江陵端午祭”被联合国教科文组织宣布为“人类传说和非物质遗产代表作”，“中韩端午之争”瞬间成为焦点，四年之后，中国端午节终于被列入“非物质文化遗产名录”，正式跻身“世界遗产”，然而我们是否能好好地继承和发扬这一“世界遗产”呢？端午节怎么过？越来越多的年轻人选择休闲、出游、聚餐，除了吃粽子外，人们似乎淡忘了端午节丰富多彩的纪念活动，“一个端午三次过”，五月初五小端午挂菖蒲、艾草，饮雄黄酒，五月十五大端午龙舟竞渡，五月二十五末端午送瘟船，亲友团聚。人们对端午节的内涵更是知之甚少，端午节是纪念先贤屈原的，从我国春秋以来至今已有2000多年了。端午既是民间防疫祛病、避瘟驱邪、祈求健康的节日，更是精神层面的节日，寄托了人们平安和顺的美好心愿。

中国传统节日文化是我国人民所创造的最古老的文化，是历史文化的积淀、风俗习惯的传承和民族精神的寄托，它真真切切地存在于人们的日常生活中，是中华优秀传统文化的重要组成部分。挖掘节日文化的内涵，我们可以了解到我国的某一段历史，比如寒食节，在清明节前一两天，其后就有这么一段历史：春秋时出亡多年的晋国公子重耳回国即位，封赏随其亡的臣子，唯独漏掉了介之推。介之推是当年晋国的贤臣，晋国发生内乱，公子重耳被迫逃亡国外，介之推不畏艰难困苦跟随重耳流亡。重耳做了国君后，开始还铭记介之推，但是时间久了，就把他淡忘了。介之推心中十分难受，和其年迈的母亲回到家乡，隐居山中，晋文公得知后欲加封赏，寻至绵山找不到他，便烧山逼他出来，而介之推坚持不出，母子二人都被烧死。晋文公于是规定每年这一天禁止人们起火烧饭，以寒食表示悼念，后来便形成了在这天寒食、扫墓的风俗。有些节日背后有某个优美的传说，寄托着人们美好的愿望，比如农历七月初七是我国的乞巧节，民间传说牛郎织女此夜在天河鹊桥相会，织女是一个聪明美丽、心灵手巧的仙女，凡间的妇女便于此夜向织女星穿针乞求智慧和巧艺，向她求赐美满的姻缘。而历代的文人雅士，为一个个节日谱写了许多脍炙人口的千古名篇，比如宋•王安石《元日》：“爆竹声中一岁除，春风送暖入屠苏；千门万户曈曈日，总把新桃换旧符。”杜牧的“清明时节雨纷纷，路上行人欲断魂”，王维的“遥知兄弟登高处，遍插茱萸少一人”等，使我国的传统节日渗透出深厚的文化底蕴。它们承载着我们深厚的感情，对先贤的纪念，对亲人的悼念，对生命的感悟，对自然的敬畏，这里面有人生的境界，有宇宙的精神。

第二节　中华传统文化在大学语文课程中的重要性和必要性

一、提升中华优秀传统文化的重视度刻不容缓

和平与发展已成为当今国际社会的主要潮流，随着世界各国经济、政治、文化交流不断加强，世界各国日益形成这样一个共识：21 世纪是各国“软实力”较量的时代，也就是以文化力量为中心的竞争时代。在这个时代，单凭军事和经济等“硬实力”拼斗是很难赢得各国尊重的。传统的、独创的、与自然协调的人文力量将更加受到世界各国的青睐。改革开放以来，我国在政治、经济、科教文卫方面都取得了骄人的成绩，赢得了世界的赞誉，中国经过 41 年改革开放却走过了其他资本主义国家数以百年的道路，这不得不让世界惊叹于中国人的智慧和力量，而这一切都源于我们中华民族的传统文化精神。

二、中华优秀传统文化在“大学语文”课程中的现实意义

工具性与人文性都是语文课程的根本属性。语文课程中的人文内容丰富而深厚，是一笔无尽的宝藏。语文教学绝不仅仅只是要教会学生识字写字、遣词造句、阅读和写作等运用语言的能力，也要通过教学，让学生了解中华民族几千年的文化历史，增强民族文化认同感。“语言半是事物的代名词，半是精神和情感的代名词。”语文教学绝不单单是一件技术活，语文课程的教学理念和目标之一，就是要继承语文课程所具有的中华民族的文化遗产和吸收其他民族的优秀文化。“从世界的大局看，21 世纪世界各国激烈竞争，将不仅体现在科学技术和经济实力的较量上，也体现在国民的文化底蕴、民族精神和精神文明水准的较量上。……我们培养的人才必须有深厚的优秀的民族文化底蕴……”加强中华优秀传统文化教育，对于提高大学生文化素质，培养高素质人才具有重要作用，作为 21 世纪的大学生，无论是什么专业，都应该具备相应的中华优秀传统文化知识。大学生学习和研究中华优秀传统文化，具有多方面的意义，主要体现在以下几个方面。

（一）实现民族文化的传承

马克思主义认为，文化是民族的精神和灵魂，是推动人类进步的伟大力量。任何一个国家和民族文化的发展与传承、变革与创新都是在既有文化传统的基础上进行的。如果离开传统，就是割断自己的血脉，就会迷失方向、丧

失根本。英、法、美等发达国家都很重视本国的传统文化。英国要求高中学生在英语学习过程中，必须阅读两部莎士比亚的戏剧，他们的理由是："没有读过莎士比亚的戏剧就不是英国人。"法国人一直以自己的国语为荣，认为法语是世界上最优美的语言。在法国的文化传统中，为母语感到自豪、为法兰西文化感到骄傲始终都是最重要的内容，因此法国非常推崇巴尔扎克、蒙田等作家的作品。日本在《教师指导学习计划》中强调"奠定学生对古典的古文和汉文的理解基础，加深对祖国文化和传统的理解"。除此之外，日本在近年的课程改革中强调汉字的重要性，目的正是继承传统文化，他们认为不懂汉字就无法了解他们的传统文化。美国的母语教育在面向"实际能力"的前提下，有不少学校倡导"核心词汇"（也就是加大文化含量）的教学取向。由此可见，传统文化是一个国家一个民族赖以生存和发展的根本，只有民族的才是世界的。中华优秀传统文化是中华民族的灵魂，是中华民族兴旺发达的不竭动力。作为21世纪的大学生，作为社会主义现代化建设的接班人、国家未来的栋梁，有责任学习好中华优秀传统文化知识。

（二）激发爱国情怀，增强民族自豪感

中华民族是由华夏族衍化而来的汉族以及55个少数民族的总称，我们都是炎黄子孙，都是龙的传人，我们的祖先在历史上创造的灿烂辉煌的文化值得我们每一个中国人骄傲自豪。在中华优秀传统文化中，爱国历来被看作一种"大节"。"当仁不让""舍生取义"，崇尚气节，讲求情操，培养了中国人的正义感和是非感，形成了民族的浩然正气：西汉的苏武誓不投降匈奴，在北海牧羊19年，忠心不变；岳飞精忠报国；范仲淹提出"先天下之忧而忧，后天下之乐而乐"；明朝的东林党领袖顾宪成提出："风声、雨声、读书声，声声入耳；家事、国事、天下事，事事关心"；抗倭名将戚继光写下了"封侯非我愿，但愿海波平"的著名诗句；明末清初的顾炎武提出"天下兴亡，匹夫有责"。所有这些，无一不是爱国主义精神的典型写照，这种精神感染了一代又一代的中国人，成为中华民族最可贵的精神传统之一。

（三）塑造大学生高尚的道德品质

中国文化从总体上看是一种伦理型文化，中华民族在漫长的大一统的历史发展过程中，构建了一套成熟的道德价值体系。儒家主张"修身、齐家、治国、平天下"，认为个人品德的修养是将来建功立业的基础。孟子提出"穷则独善其身，达则兼善天下"，成为千百年来中国人追求的行为方式和道德目标。

《易经》开篇就指出“天行建，君子以自强不息”，“天行健”即天运行刚健的意思，天的这一特性，表现为太阳的东升西落，四季的更替变化等天地间无休止的运动，这是说人要效法天的刚健特性，要有自强不息的精神；而坤卦的卦辞说：“地势坤，君子以厚德载物”，显示了大地包容、承载万物的品性，启示我们真正的智慧总是与谦虚相连，真正的哲人，心胸必然像大海一样宽广。当今社会发展迅速，人们的物质生活水平得到了极大的提高，竞争也越来越激烈，然而，文化的多元化发展，各种价值观的冲突加深，心理健康问题已越来越为人们所关注。大学阶段是人生观、价值观、世界观形成的关键时期，是心智成熟的重要阶段，理想与现实、独立与依赖、社交与封闭等各种矛盾与冲突交织在一起，免不了会让他们的心灵偶尔迷失方向。中国古代文化中出现的大量优秀作品，包括哲学、历史、文学、艺术等，能给我们思想上的启迪和情感上的陶冶，能够丰富我们的精神世界，能使我们的人生更充实，更有情趣。

（四）更加深刻地了解我们的国家和文化

直接经验固然重要，但我们的生存体验是有限的，大学生更是甚少与社会接触，学习中华优秀传统文化，通过书本可以快捷地获得无限的间接经验，而现存的许多问题，往往也能从历史文化中找到它的渊源。一部《红楼梦》，蕴含了多少丰富的社会经历和人生经验，整部作品更是多处彰显为人处世的智慧。成书于 2500 多年前的《孙子兵法》是世界军事文化史上的瑰宝，早在魏晋南北朝时期已传播至海外，世界上共有 30 多种语言版本。《孙子兵法》的思想内涵早已超越了军事范畴，在国外备受推崇，掀起“孙子热”。最早把孙子军事谋略运用于企业管理的是日本人。日本军人出身的企业家大桥武夫于 1951 年接管濒临破产的小石川工厂，把它整顿、重建为东洋精密工业公司，几十年来一直生机勃勃，久盛不衰。其诀窍就在于把《孙子兵法》的某些思想引入他的企业管理中。他所著的《用兵法经营》一书，总结了他以兵法原理经营管理企业的成功经验，在日本企业界影响很深，负有盛名。美国通用汽车公司董事会主席罗夫•史密斯，自称他的经营之道来自 2000 多年前中国的《孙子兵法》，并运用它的理论在公司进行了一场大刀阔斧的改革。

（五）促进学生语文能力的提高

如果学生了解我国古代传统文化思想精髓，在阅读时便能抓住作者的写作手法和写作意图，阅读理解能力定会得到提高。而传统文学中遣词造句的凝练精妙、引章据典的谨慎讲究、表达手法的意味隽永，都是写作的典范，会为学生的写作增色不少。

第三节　中华传统文化学习的现状

某著名华裔教授评论说，中国的留学生“ABC”说得好，可就是不知道《论语》；谙熟美元英镑，可就是不知道司马迁；一个大学毕业生能熟练地操作电脑，可就是写不出一篇文理通顺的工作总结；大多数学生对书信的写作已经感到非常的陌生。这种种表现，无不传达出这样一个信息：中华优秀传统文化已经广泛地被中国的少年所漠视。这主要表现在以下几个方面。

一、阅读难度高

西藏大学使用的语文教材，其中古文篇幅多达五十篇。受语言环境的影响，藏族学生汉语基础普遍较为薄弱，这直接影响到学生对古诗文的学习。学生学习古诗文时不得不对文字、句子、语法和篇章结构逐一拆解，再加上学生平时缺少对古诗文知识的积累，因此古文对绝大多数藏族学生而言是一道障碍，学生不借助参考书很难读懂它。语文教材中的古文大都选自中国传统文化经典，比如《诗经》《左传》《国语》《战国策》《论语》《孟子》《庄子》《汉乐府》等，蕴藏着无穷的历史文化知识，它包含着中华优秀传统文化的精髓，承载着古老厚重的中华文明，承载着中华民族创造的辉煌的历史，也承载着中华民族的做人之道，文言文知识的匮乏，势必影响到学生对中华优秀传统文化的学习。

二、阅读功利性强

一项对西藏大学学生利用图书馆资源的情况所做的调查显示，西藏大学有两个校区，两个图书馆，拥有着丰富的藏书。据调查，在老校区的阅览室，90% 的学生把图书馆阅览室当成了自习室，50% 的学生会自带专业书，35% 的学生自带英语书，25% 的学生会带公务员考试类书籍，鲜见有学生捧着一本经典阅读。由此可见，现代大学生读书的功利性很强，技能性、实用性的书籍备受青睐，一些解读名著的快餐式的书就比较受学生的欢迎。而共有六层楼的规模宏大的新区图书馆无论是阅览室，还是借阅室都很冷清，唯有电子阅览室比较热闹，阅览室管理人员出具了图书馆电子阅览室实名认证登记记录，11 月 8 日至 11 月 13 日上午学生登记人数多达 244 人，仅 11 月 13 日当天中午十二点以前就有 24 名学生登记上网，而 95% 的电脑都被用来娱乐。大学生有着充裕的课余时间，但是网络日新月异的发展和休闲娱乐活动的多样化，使得大学生静不下心来品味经典，他们的课余时间被网络聊天、网络游戏、电影等占据。

电子书以其携带方便、更新速度快、信息量大、容易下载等诸多优势广受学生的青睐，大有取代纸质书之势。然而，电子阅读只能算浏览，经典，需要精读，需要反复咀嚼、思考，甚至做标注、写点评，纸张作为一种物质的确切存在是电子书无法取代的。

三、语文写作缺乏深度

将中国大陆学生的优秀作文与台湾及港澳学生的优秀作文比较后会发现：大陆学生往往更擅长于写作技巧的钻研，精于布局谋篇，但他们的作品却明显缺少深层的文化底蕴，思想缺乏广度和深度。如果再联系语文教学实际，我们便会发现，许多大学生的精神世界相对贫瘠，人文素质相对低浅，人格操守相对脆弱。

当前大学生语文基础薄弱，其中一个重要的原因就是缺乏深厚的文化底蕴，文化积累尤其是中国优秀传统文化知识的积累较少。

思想的贫乏和语言的贫乏往往是相伴的，没有一点文化底蕴，是很难有准确的判断力、审美力和欣赏能力的。没有一点文化底蕴，我们写出来的文章也注定的空洞苍白的。要想文思泉涌，笔下生花，我们必须学习好中华优秀传统文化。

第四节　在大学语文课程中实施中华优秀传统文化教育的方法

一、激发学生对中华优秀传统文化学习的兴趣

子曰：“知之者不如好之者，好之者不如乐之者”，“乐教”与“乐学”是孔子最先提倡的教学思想。伟大的科学家爱因斯坦说过：“兴趣是最好的教师。”无论中华优秀传统文化多丰富多彩，若是学生觉得没有什么兴趣，就会感到味同嚼蜡。因此好的教师，应该善于激发学生兴趣，点燃学生的求知欲，使学生能主动地去学习和研究中华优秀传统文化。

（一）夯实学生的汉语基础

汉字是中华优秀传统文化的主要载体，汉语基础薄弱直接影响到学生学习传统文化的兴趣，因此在大学语文教学中，依然要重视语文的工具性。教师要善于给学生营造一个良好的语言环境，在课堂上，教师要用清晰、流畅

的普通话进行授课，多提问，鼓励学生用普通话与自己和同学交流，把朗读的机会留给学生，让他们多读，给学生放有声读物，让他们多听。课堂的时间是十分有限的，苏霍姆林斯基说过："真正的教育是自我教育"，学生才是学习的主体，学生要充分利用课余时间，积极主动地去多读、多写、多说，才能真正提高自己的汉语水平。

（二）巧设导语激发学生兴趣

魏书生教师说："好的导语像磁铁，一下子把学生的注意力聚拢起来，好的导语又是思想的电光石火，能给学生以启迪，催人奋进。"特级语文教师于漪也说过：在课堂教学中，要培养学生的兴趣，首先应抓住导入课文的环节，一开课就要把学生牢牢地吸引住。课的开始好比提琴家上弦，歌唱家定调，第一个音定准了，就为演奏和歌唱奠定了基础。上课也是如此，第一锤就应敲在学生的心灵上，像磁石一样把学生牢牢地吸引住。的确，良好的开头是成功的一半，导课的方法多种多样，不拘形式，可因时因地而定：有巧设悬念法，美国心理学家布鲁纳指出："教学过程是一种提出问题和解决问题的持续不断的活动，思维永远是从问题开始的。"教师在教授新课前，巧设悬念，可以诱发学生的求知欲，产生迫切学习的愿望。有情感导入法，教师用饱满的情感、优美的语言描摹一幅图景，让学生有身临其境的感觉。有背景导入法，孟子说："颂其诗，读其书，不知其人，可乎？是以论其世也。"这是说，阅读诗文，应该了解诗文的作者以及作者所处的时代，所有诗、文，无不反映了作者彼时彼地的社会生活，又因时因地因事而发，表达了作者的思想感情。所以，要准确理解文章的内容，充分了解作者、写作动机和时代背景是很有必要的，这有助于学生学习和理解课文，丰富学生的知识，拓宽他们的视野。

（三）创设情境，构建生动活泼的课堂环境

情境教学是李吉林教师创建的一种重要的教学方法，指在教学过程中为了达到教学目的，从教学需要出发，教师有目的地引入或创设与教学内容相应的氛围或具体场景，引起学生积极的情感体验，从而帮助学生迅速而正确地理解和吸收教学内容，提高教学效率的一种方法。创设情境的途径有很多，主要有以下四方面。

1. 通过语言来创设情境

美的语言像一缕春风，拂面温爽；像一夜喜雨，润物无声。教材中的美文是以语言为中介的，大凡文质兼美，历久不衰的佳作本身就极富有感染力，

这就为教师用语言创设美的课堂教学情境提供了得天独厚的条件。苏霍姆林斯基在《教育的艺术》中指出："教师的语言是一种什么也代替不了的影响学生的工具。"他通过亲自听课，分析了教师的课堂语言和学生的听课情况，得出一个结论：不仅语文教师，任何一门课的教师，都应当首先掌握好语言。语言，是文化的载体，没有别的任何东西能够代替它，教师的语言素养，在极大程度上决定着学生在课堂上脑力劳动的效率，因为教师只有具备了高度的语言素养，才能用语言勾画出不能直接看到的事物，并在这个基础上形成清晰的概念，从而使学生能顺利地由形象思维转化为抽象思维，如果做不到这一点，学生听起课来就会十分吃力，甚至完全听不懂。语文教师通过语速、语气的变化，可以形成抑扬顿挫的语调；通过语言描绘，可以让听者的脑中呈现出一幅幅鲜明而简洁的画面，形成一定的审美氛围，表达出一定的思想感情，这种优越性，是任何教学媒体不能相比的。比如在学习苏轼的《前赤壁赋》时，教师通过这样美丽的语言，配以磁性的声音，把学生带入了一种美妙的境界：宋代的黄州，也就是今天湖北的黄冈，在黄冈西北的长江边上，有一处风景胜地。那儿矗立着一座红褐色的山崖，因为形状有些像鼻子，人们就称它为赤鼻矶；又因为山崖陡峭如一面墙壁，所以它又被称作赤壁。宋神宗元年，苏轼因为遭受政治迫害，被贬谪到黄州两年了。"长江绕郭知鱼美，好竹连山觉笋香"，水中的鲜鱼，山间的新笋，江城的一切风物，都给政治失意的苏轼带来了莫大的慰藉。他曾站在江边的赤壁上，眺望如画的江山，唱出了"大江东去"的豪放歌曲。他还在七月十六日一个幽静的夜晚，驾舟畅游于赤壁之下的长江水面，写下了千古名作《赤壁赋》。这些如诗般的语言，为学习下文做了很好的铺垫，营造了浓浓的教学氛围。因此，"以语言描绘情境"是最基本、最重要的创设情境的方法，必须加以重视。

2.利用音乐来创设情境

古希腊著名的思想家柏拉图说过"音乐教育比起其他教育都重要得多"，音乐的"节奏与乐调的最强烈的力量浸入心灵的最深处"；托尔斯泰也认为："音乐的魅力，足以使一个人对未感受的有所感受，对理解不了的事有所理解。"音乐与文学都属于文艺，其中自然有很多相通的地方。不同的教学内容配上相应的音乐，能渲染情境，营造气氛，引起学生情感上的共鸣，调动学生的情绪和兴趣，加深学生对课文的理解，同时也用另一种方式培养了学生的想象力。比如在学习《红楼梦》（节选）时就可以播放电视剧《红楼梦》的主题曲，烘托其凄婉的气氛，自然而然地把学生带入故事情节中。

3.创设生活情境

叶圣陶先生曾说过:“生活犹如源泉,文章犹如溪水,源泉丰富而不枯竭,溪水自然活泼流之不尽。”的确,文学来源于生活,文章是社会生活的反映,人生世相的展现。中华优秀传统文化源远流长,在今天的生活中处处有它的影子,从身边的生活入手,利用学生原有的生活经验,进而延伸到久远的传统文化,就在无形中拉近了学生与中华优秀传统文化的距离,有助于学生兴趣的培养,加深他们对文章的理解。

4.运用多媒体创设情境

多媒体教学是教师常用的教学手段之一,文字、图像、声音、动画和视频等,能使课堂变得直观而生动,能使学生在丰富的教学资源中潜移默化。比如在学习曹操的《步出夏门行》中的《观沧海》时可以为学生播放电视剧《三国演义》的片头曲,再展示一幅波澜壮阔的大海的图片,这样可以从多方位刺激学生的感官,让学生领略到诗人宽广的胸怀和豪迈的气魄,从而提高他们的学习兴趣,陶冶他们的情操,强化他们的记忆,提高课堂教学效率。

二、阅读经典,开阔学生的课外文化视野

有人说,这是一个消解文字的时代,是一个“读图”时代,网络时代。在这个“快餐文化”盛行的今天,经典被改头换面包装得面目全非,“三国”被水煮,“西游”被大话,经典阅读已经离我们越来越远,而大学生,这个有着充足的课余时间,本该好好读书的群体,其阅读情况却令人担忧。

何谓经典?《现代汉语词典》的解释为:“指传统的具有权威性的著作;泛指各宗教宣扬教义的根本性著作;著作具有权威性的。”《辞海》中将经典解释为:“最重要的、有指导作用的权威著作。古代儒家经典,也泛指宗教的经书。”经典之所以为经典,是因为它是经历了长期历史过程的千淘万滤而凸显出来的,在世代相传中,它是“大悟性大智慧的结晶,故内涵丰富深厚,可以做无穷尽的解释发挥,所以不会过时”。经典是人类智慧的结晶,“它世代为广大范围的人群所奉读,在社会许多文化领域有普遍的影响,甚至成为一种共同性的文化语言。中国思想文化就是在中华经典的基础上,通过历代各家各派创造性地诠释和应用而发展起来的”。阅读经典,就是与大师同行,就是跨越时空与智者对话,我们花一点点功夫就能汲取先贤或几代人一生的智慧,这样的美事何乐而不为?教育家钱理群说过:“经典阅读可以打破时空的界限,克服个人生命的有限范围,把学生引入民族与世界、古代与现代思想文化的宝库,使学生在有声有色、有思想、有意味的语言世界

里流连忘返，通过美的语言窥见的是美的心灵的世界。而且学生在经典文本的世界里，会与其中的人物同哭同笑同焦虑同挣扎，在不知不觉中会发现自己变了，变得更单纯，更聪明，也更天真，他们内在的智慧、思考力、想象力、审美力、批判力、创造力被开发出来了，他们的精神自由而开阔了，他们的心灵变得更美好了。”

作为大学语文教师，不仅要指导学生如何选择书籍，更重要的是要指导学生学会正确的阅读方法。《大学语文》基本是按照文学史发展的脉络，精选各个历史时期重要作家的代表性作品，古代作品所占的比重较大，目的也是希望提高学生的古典文学修养，加深对我国优秀文化传统的理解，大学语文教师可以在教材所选的经典上引导学生进行扩展性阅读，可以选择《诗经》《楚辞》等文学起源的作品，选择《论语》《老子》《孟子》《庄子》等中国传统思想源头的诸子百家经典，或是唐诗、宋词、元曲这些代表中国文化最高峰的作品，《史记》《易经》《孙子兵法》《儒林外史》《世说新语》等名著也可以列入其中。总之，大学语文教师要让学生多阅读古代传统经典名著，让学生读完后做好读书笔记，写出读书感受，发表对人物的评论。久而久之，学生必会养成爱读书、读好书的习惯，也必能通过经典的阅读，加深对中华优秀传统文化的理解。

三、在校园环境建设中渗透中华优秀传统文化精神

著名的教育家苏霍姆林斯基非常重视学校物质基础的教育作用。他认为，学校物质基础不只是教育过程不可缺少的条件，也是对学生精神世界施加影响的手段。他说：“依我们看，用环境、用学生自己创造的周围情境、用丰富集体精神生活的一切东西进行教育，这是教育过程中最微妙的领域之一。”苏霍姆林斯基创办的帕夫雷什中学的教学楼的墙壁上不仅悬挂着很多杰出人物的画像，如马克思、恩格斯、列宁、巴尔扎克、伏尔泰、托尔斯泰、歌德等，还有他们的标语，比如伏尔泰的“没有巨大的险阻，就没有巨大的业绩”，契诃夫的“没有一定世界观的理性生活不成其为生活，那是重负，是灾难”，屠格涅夫的“生活没有理想的人是可悲的”等，用苏霍姆林斯基的话说，就是“使学校的墙壁也说话”，学校的陈设布置是“起着教育作用的环境的一个组成部分”，环境对学生的人文素养的形成具有很大的熏陶和潜移默化的作用。

因此，一方面，在物质环境上，我们可以通过各种形式使中华优秀传统文化精神出现在校园中。校训文化就是很多大学一道亮丽的文化风景线，它深深地植根于中国传统文化的土壤中，能体现出一所大学的办学传统和精神风

貌，也能反映一所学校的文化传统和办学理念，1914年，著名学者梁启超先生应邀到清华以《君子》为题作讲演，就以《易经》的乾坤两卦中的“自强不息”“厚德载物”勉励学生，从此“自强不息，厚德载物”这八个字便成为清华大学的校训，一直至今；复旦大学的校训“博学而笃志，切问而近思”出于《论语》；中山大学的校训“博学、审问、慎思、明辨、笃行”源于《礼记》，说的是为学的几个层次；东南大学的校训“止于至善”出自《大学》的开篇：“大学之道，在明明德，在亲民，在止于至善”等。这些校训都直接汲取了中国传统典籍中的精华。而这些出现在学校显要位置、学生随时都能看见的校训，会让学生感受到浓厚的文化氛围。校园路名、楼名、湖名、花园名也是校园文化的重要组成部分之一，是学校精神文化的重要载体，清华大学就有“明德路”“至善路”，如果学校的路、楼、花园还没有名字，学校完全可以以中华优秀传统文化为主题，向学生征集名字，这样可以调动学生学习中华优秀传统文化的兴趣，让他们完全动起来。我们也可以将一些经世格言以图文并茂的方式出现在校园的宣传栏里、教室里、阅览室里、学校的网页上、黑板报上，让我们的墙壁也会说话，让我们的学生在不经意的潜移默化中，接受传统文化精神的熏陶和滋养。

另一方面，我们可以通过组织丰富多彩的校园文化活动，来丰富学生的文化精神体验。比如通过经典作品的角色扮演，诗歌美文朗诵比赛，以某一传统文化为主题自办一份报刊，进行传统文化精神主题的演讲等活动，使学生在思想和行为的喜闻乐见活动中，受到传统文化耳濡目染的影响，进而振奋精神，促进其人文素养的提高。

四、在生活中传承中华民族优秀传统文化

早在两千多年前，我国古代教育家、思想家孔子就说过“不观高崖，何以知颠坠之患？不临深渊，何以知没溺之患？不观巨海，何以知风波之患”，形象生动地阐明了知识与生活实践之间的关系。著名的教育家陶行知先生指出：生活即教育，社会即学校，教学做合一。他反对传统教育与生活、学校与社会相脱节、相隔离，不让学生读死书，死读书，也不让教师教死书，死教书。生活是语文学习的源头活水。语文与生活是血肉相连的。语文教师应该鼓励学生“走”出去，到社会上去感受传统文化的魅力。如带领学生参观博物馆，参观历史文化遗址，了解当地的风土人情、历史文化；参加爬山踏青等户外活动，让学生接触大自然，沟通人与自然的灵性，体味古诗词的意境；带领学生参观书法、绘画展，感受汉字的艺术美和中国画的写意美等。

据《新华每日电讯》介绍：“对韩国人而言，法定节假日在增强民族凝聚

力和文化认同感方面发挥着重要作用，尤其是秋夕和春节等传统节日所具有的特殊文化内涵更为韩国人所重视。每到秋夕，不论分隔多远，韩国人都会回到家乡与父母团聚，穿上传统服装，举行祭祖仪式；为了强调长幼有序，秋夕正餐前小辈要向长辈磕头；全家人还要一起玩各种民俗游戏，举行歌舞等娱乐活动，以增进家庭成员间的感情。春节期间，韩国家庭也要进行祭祖、岁拜、聚餐等活动。”这些做法既促进了家庭和睦，又增强了民众对传统民族文化的认同感。

我国的传统节日很多，围绕着这些节日也产生了很多的习俗，每一个节日，每一种习俗都有着丰富的文化背景，体现着丰富的文化内涵，是弘扬中华民族精神的重要文化载体，传承传统文化有利于增强民族的凝聚力。

第四章　大学语文课程现存问题与对策

第一节　大学语文课程的现存问题

一、大学语文课程现状调查

（一）样本选择

综合考虑多种因素，本研究在全国选取16所高校作为调查对象。从地区分布上来看，吉林省1所，河北省3所，山东省1所，江苏省5所，湖南省4所，广西壮族自治区1所，海南省1所；从类型上看，包括理工院校、综合院校、师范院校、专业性学校、高职院校、成人高校等不同类型；从专业上看，包括文（汉语言文学专业除外）、理、工、艺术、教育等不同专业。样本具有广泛的代表性。因为调查内容主要与大学语文课程和教学相关，所以调查对象确定为本学年必修或选修大学语文课程的学生及其任职教师。本次调查在综合考虑各校在校学生数、学科分布状况以及男女生比例的基础上进行了随机整群抽样，从每所学校抽取一到三个班的学生作为样本。本调查采用半封闭式问卷类型。学生问卷共发放1470份，回收有效问卷1372份，有效回收率为93.3%。样本中，理科学生301人，文科学生800人，工科学生271人；专科学生487人，本科学生885人；男生479人，女生893人。教师问卷共发放40份，回收37份。其中本科院校教师20位，专科院校教师17位；男教师22位，女教师15位。

（二）调查内容

1．教师问卷

第一，教师基本情况（包括学历、职称、任职年限、是否兼职等）；第二，大学语文课程现状（包括课程类型、课时数、学分、教材、教法、考核方式等）；第三，教师对大学语文课程的态度和看法；第四，教师对大学语文课程的建议。

2. 学生问卷

第一，学生基本情况（专业、性别等）；第二，学生所用大学语文教材情况，及其对大学语文课程内容的心理取向；第三，大学语文课程的教法与考核方式；第四，学生对大学语文教师的评价；第五，学生的语文素养；第六，学生对大学语文课程的认识与态度；第七，学生对本课程的建议。

（三）研究步骤

第一步：通过网络调查高校大学语文课程的开设情况，包括是否开设、课程类别（公共必修课、限选课、任选课）、所占学分等情况。

第二步：对有条件的高校发放调查表、调查问卷，调查高校大学语文课程的开设现状。调查问卷分为教师问卷、学生问卷。

第三步：对第一、二步调查没有落实的高校，采用访谈的方式，调查大学语文课程现状，包括教师情况、学生情况等。

第四步：对第一、二、三步调查的 16 所高校的大学语文课程情况用 SPSS12.0 软件进行汇总分析，并作为下一阶段调查的依据和写作的基础。

二、大学语文课程现状调查结果

（一）大学语文教师问卷方面

通过调查，发现大学语文教师队伍很不稳定，许多高校对大学语文课程都采取由中文、历史、政治等专业的教师或高校行政人员兼课的方式，没有专门的大学语文教研机构，师资队伍零散。大学语文教师在高校没有地位，教师教授大学语文课，不仅在科研上没有地位，甚至无法同专业课教师站在同一起跑线上，职称晋升会受到严重影响。教师由于自身价值不能得到良好的实现，纷纷转岗。

在大学语文岗位上的教师，也是凭着对本学科的热爱勉强支持。以下为具体内容。

1. 大学语文教师学历情况

统计分析回收的 37 份教师调查问卷可以发现，在被调查的 37 位大学语文教师中，仅有 1 人学历是大专，占总人数的 2.7%；有 4 人学历是本科，占总人数的 10.8%；有 32 人学历是硕士，占总人数的 86.5%。如表 4-1 所示。其中大专学历的教师年龄在 45 岁以上；本科学历的教师年龄在 38 岁到 45 岁之间；硕士及以上学历的教师年龄都在 35 岁以下。任职教师年龄与学历出现了反相关关系。

表 4-1　大学语文教师学历统计表

	大专	本科	硕士	博士
人数	1	4	32	0
比例	2.7%	10.8%	86.5%	0

2. 大学语文教师职称及兼职情况

大学语文教师职称普遍偏低：在调查的 37 位大学语文教师中，有 59.5% 的教师职称在讲师以下，据了解这些人有的是新上岗的年轻教师，有的是文学院或其他学院的行政人员，有的是校外兼职人员（包括在读硕士、博士，甚至还有金融企业家等），来源混杂，不一而足。有 27% 的教师具有讲师职称；有 3 位教师具有副教授职称，仅有 2 位教师具有教授职称。通过访谈得知，这 5 位副教授以上职称的教师也是兼职大学语文课的，他们的职称都是在语言文字学、现当代文学、古代文学等专业上评下来的。不知是从事大学语文教学的教师不容易评高职称，还是有高职称的教师不屑于从事大学语文教学，总之大学语文课程的任职教师职称是普遍较低的。如表 4-2 所示。

表 4-2　大学语文教师职称统计表

	讲师以下	讲师	副教授	教授
人数	22	10	3	2
比例	59.5%	27%	8.1%	5.4%

在调查的 37 位教师中，仅有 5 位年轻教师是专职的大学语文教师，占总人数的 13.5%，而兼职的大学语文教师有 32 位，占调查总数的 86.5%。大学语文的兼职教师数大大超出了专职教师数。如表 4-3 所示。

表 4-3　大学语文教师兼职情况统计表

	专职	兼职
人数	5	32
比例	13.5%	86.5%

3. 大学语文教师对本课程性质的定位调查

社会各界对大学语文课程的性质定位有很多种，归纳起来主要有以下三种：大学语文是工具性学科、大学语文是人文性学科、大学语文是工具性与人文性兼顾的学科。至于大学语文课程的性质究竟是什么，学术界并没有定论。没有红头文件来定位大学语文课程的性质，这就导致了教师在对大学语文课程认识上的模糊性。在被调查的37位教师中，认为大学语文课程性质应定位为“工具性”的有8人，占总人数的21.7%；认为大学语文课程性质应定位为“人文性”的人数多，有14人，占总人数的37.8%；认为其课程性质应定位为“工具性与人文性相结合”的有7人，占总人数的18.9%；除此之外，有的教师还认为大学语文课程性质应定位在“文学性”上，有的认为应定位在“文化性”上，还有的认为应定位在“开放性”上，等等。总之，对于大学语文课程的性质没有一个统一的看法。如表4-4所示。

表4-4　对大学语文课程定位的认识

性质定位	人数	比率
工具性	8	21.6%
人文性	14	37.8%
工具性与人文性相结合	7	18.9%
其他	8	21.7%

4.关于大学语文教学大纲

大学语文课程还没有正式的、统一的教学大纲。在被调查的37位教师当中，教学过程中没有教学大纲的有7位，占总数的18.9%；教师自己在学期教学前有一个类似于教学大纲的教学计划的有20位，占总数的54.1%；由学校教研组编写大纲的有3位教师，只占总数的8.1%，这三位教师分别来自唐山师范学院、湖南大学与海南师范大学；还有的教师用的大纲是与其教材配套的，这几本简单的大纲是由教材编写组编写的，这样的教师有7位，占总人数的18.9%。如表4-5所示。

表4-5　关于大学语文教学大纲

分类	人数	比率
无大纲	7	18.9%
教师自主出大纲	20	54.1 %
学校教研组出大纲	3	8.1%
教材编写组出大纲	7	18.9%

5. 教师对大学语文教学内容的处理

被调查的37位教师100%认为其所使用的大学语文教材内容在规定的课时内讲不完，所以所有的教师在规定的课时内只能在教材中选讲一部分内容。那么教师是怎样确定教学内容的呢？被调查教师中有9位是凭个人喜好在教材中确定教学内容的，占总数的24.3%；有23位是凭个人专长确定教学内容的，占总人数的62.2%；有3位教师是考虑到学生兴趣，选学生感兴趣的篇目来进行教学的，占总数的8.1%；有2位教师是考虑到选定的教学内容是否能结合当前国家、国际的时事来讲的，占总数的5.4%。如表4-6所示。

表4-6　选讲标准

选讲标准	人数	比率
个人喜好	9	24.3%
个人专长	23	62.2%
学生兴趣	3	8.1%
是否能结合时事	2	5.4%
其他	0	0

但是，大学语文课堂的教学内容并不完全来自所用的教材，事实上，本次调查证明了这一点。有62.2%被调查的教师，上课时主要从教材上选取教学内容，另有32.4%的教师大多从课外选定教学内容，如擅长文字学的教师把文字的发展史作为教学内容，擅长外国文学的教师就从外国文学中选取教学内容，还有的教师把大学语文课当成写作课来上，有的教师从其他图书杂志中随意选定，有的教师认为优秀的影片也可以搬上大学语文课堂。还有5.4%的教师采用其他方式确定教学内容。如表4-7所示。

表4-7　教学内容的来源

内容来源	人数	比率
主要来自教材	23	62.2%
主要来自课外	12	32.4%
其他	2	5.4%

对于教师为何要从课外选取教学内容，有的教师给出的理由是：对所使用的教材不尽满意。在本次调查中，有48.6%的教师对所用教材不太满意。如表4-8所示。

表 4-8 对大学语文教材的满意程度

所持态度	人数	比率
无所谓	2	5.4%
不太满意	18	48.6%
比较满意	16	43.3%
非常满意	1	2.7%

6. 大学语文课程的考核方式

目前，高校大学语文课程采取的考核方式比较随意，大都由任职教师自主决定考试方式。有的教师采取开卷考试的方式，有的教师采取闭卷考试的方式。在本次调查中，采用开卷考试方式的教师有 12 人，占总人数的 32.5%；采用闭卷考试方式的教师有 8 人，占总人数的 21.6%；采用开卷考试与平时成绩相结合的教师有 7 位，占总人数的 18.9%；采用闭卷考试与平时成绩相结合的教师有 10 位，占总人数的 27%。如表 4-9 所示。

表 4-9 大学语文课程考核方式统计表

考核方式	人数	比率
开卷考试	12	32.5%
闭卷考试	8	21.6%
开卷与平时成绩相结合	7	18.9%
闭卷与平时成绩相结合	10	27%

有的教师图省力，就采取开卷考试的方式，学生无非是写一篇论文、做几道题目就轻而易举地取得了本课程的学分。有的教师采取闭卷考试的方式，但是为了让大部分学生顺利过关，考前教师也会给学生勾画重点。试卷大多是任科教师自主设计的，由本校教研组统一出试卷的学校都很少，更不用提全市或全省统一出试卷了，扬州科技大学的一位教师在采访中说："每个教师在同一本教材中选讲的篇目不一样，所以无法由校方统一出试卷考核学生所学的具体知识。"

7. 教师对大学语文课程的喜好程度与必要性的认识

通过本次调查了解到，绝大部分教师是喜爱大学语文课程的，绝大部分教师也认为开设大学语文课程是很有必要的。如表4-10所示。被调查的37位教师中，没有人厌恶或是不喜欢大学语文课程；有2位教师认为本课程还可以接受，仅占总数的5.4%；而比较喜欢大学语文课程的教师有19位，占总人数的51.4%；还有16位教师非常喜欢大学语文课程，对本课程充满工作热情，占调查总数的43.2%。

表4-10　喜好程度

喜好程度	人数	比率
厌恶	0	0
不喜欢	0	0
还可以	2	5.4%
比较喜欢	19	51.4%
非常喜欢	16	43.2%

绝大多数的教师认为开设大学语文课程非常有必要，如表4-11所示。在被调查的37位教师中，认为比较有必要开设大学语文课程的有16位，认为非常有必要开设大学语文课程的也有16位，认为本课程比较有必要开设和非常有必要开设的教师，总共占调查总数的86.4%。

表4-11　必要性认识

有无必要性	人数	比率
完全没必要	0	0
无所谓	0	0
有一定的必要性	5	13.6%
比较有必要	16	43.2%
非常必要	16	43.2%

8. 教师对大学语文课程与中学语文课程衔接问题的关注

有89.3%被调查的教师表示平时没有关注过中学语文课程改革的情况，余下的少数教师表示关注过这方面的问题，但是关注度也不高，大多没有仔细地研究过中学语文课程改革情况。对于“中学语文课程改革是否可以为大学语文课程改革提供借鉴？”这个问题，被调查的大学语文教师认识很不明确，有52%的教师认为“可以”，另外48%的教师对此持怀疑态度，认为中学语文课程与大学语文课程有很大的不同，中学语文教学受高考的影响，有很多应试的成分，中学语文课程改革是否成功还是个疑问，所以“中学语文课程改革能否为大学语文课程改革提供借鉴”很难回答。

（二）大学语文学生问卷方面

本次调查共发放学生调查问卷1470份，回收1372份，回收率达93.3%。下面具体介绍学生问卷的情况。

1. 学生对使用的大学语文教材的满意程度

我们调查了学生对所用的大学语文教材的满意程度，调查中，只有56位学生对教材很满意、没有任何反对意见，占总人数的4.1%；有875位学生对教材比较满意，占总人数的63.8%；有318位学生对所用大学语文教材不尽满意，提出很多修改意见，占总人数的23.2%；另有123位学生对教材抱有无所谓的态度，这类学生占调查总数的8.9%。如表4-12所示。

表4-12　学生对大学语文教材的满意程度

满意程度	人数	比率
很满意	56	4.1%
比较满意	875	63.8%
不满意	318	23.2%
无所谓	123	8.9%

2. 学生自学教材的情况

调查结果表明，100%的教师在规定的课时内无法讲完大学语文教材中的所有内容，所以一般情况下，教师会挑选教材中的部分内容进行教学，而教材中其他的内容就要靠学生自学了。学生自学的部分一般不纳入考试范围，所以教师不讲的部分学生是否自学、学到什么程度就无从考证了。在被调查的1372位学生中，只有61位学生主动地学习了课本的所有内容，占总人数的4.5%；对于教师不进行教学的教材内容，568位学生“有的读有的不读，视自己的兴趣而定”，占总数的41.4%；243位学生“没有时间读”，占总数的17.7%；另外500位学生受教师影响较大，“教师要求读的读，教师不要求的就不读”，占总数的36.4%。如表5-13所示。这样看来，大部分的学生对待教材中的自读部分的内容学与不学，是视兴趣而定的，或是看教师是否要求而定的，学生的自学意识普遍不是很强。

表 4-13　学生自学教材情况

自学情况	人数	比率
每一篇都读	61	4.5%
视兴趣而定	568	41.4%
没时间读	243	17.7%
教师要求的读，不要求不读	500	36.4%

3. 学生对于阅读材料的心理取向

学生最感兴趣的阅读材料，从时代来看，有 69.3% 学生选择了“现当代文学作品”，余下的 30.7% 的学生选择了“古代文学作品”；从国别来看，有 68.7% 的学生选择了“中国作品”，余下的 31.3% 的学生选择了“外国文学作品”；从体裁来看，选择“小说”“散文”“诗歌”“戏剧”“其他”的学生数分别为 542 人、245 人、301 人、250 人、34 人，其所占的比率分别为 39.5%、17.9%、21.9%、18.2%、2.5%。表 4-14 将列出了学生对于阅读材料的心理取向情况。从时代来看，更多的学生对现当代文学作品最感兴趣，很多学生由于自身古文阅读能力有限，而认为古代文学作品难以读懂；从国别来看，更多的学生对本国的文学作品最感兴趣；从体裁来看，“小说”这种体裁的文学作品受到的关注最多，多数学生给出的理由是“小说的故事情节吸引人”。

表 4-14　学生最感兴趣的阅读材料

	学生最感兴趣的阅读材料	比率
时代	现当代文学作品	69.3%
	古代文学作品	30.7%
国别	中国作品	68.7%
	外国作品	31.3%
体裁	小说	39.5%
	散文	17.9%
	诗歌	21.9%
	戏剧	18.2%
	其他	2.5%

4. 教学方法的情况

大学语文学生问卷既调查了目前教师在教学中所用的教学方法的实际情况，又调查了学生对教师所用的教学方法的心理期望，表 4-15 列出了这两项的区别。

表 4-15 教学方法

教学方法	实际情况	学生心理期望
串讲法	78.5%	20.8%
谈话法	13.2%	45.7%
讨论法	7.8%	24.5%
其他	0.5%	9.0%

调查结果如下：反映教师在大学语文课上经常使用“串讲法”的学生占学生总数的 78.5%；反映教师经常使用“谈话法”的学生占总人数的 13.2%；反映教师经常使用讨论法的学生占总人数的 7.8%；其他的占 0.5%。以上数据表明，我国大学语文课堂使用最多的教学方法还是“串讲法”，教学方法单调。而希望大学语文课程的教学方法为“串讲法”的学生只有 20.8%；有 45.7% 的学生希望教师采用“谈话法”；有 24.5% 的学生希望教师采用“讨论法”；还有 9.0% 的学生希望教师采用其他一些教学方法。总之，从调查的结果来看，学生更希望在课堂上有自己的表现空间，不喜欢教师一个人的“独角戏”。学生希望大学语文课堂的教学方法、教学手段更加多样化，传统的“串讲法”不受学生欢迎。

对于多媒体教学，绝大多数的学生表明，课堂只是“有时使用多媒体进行教学”或是“较少使用多媒体进行教学”，反映“教师可以经常使用多媒体进行教学”的学生，也说“课堂上教师常常打开的是 Word 文档，并没有漂亮的课件展示给我们看”。调查教师不能经常使用多媒体进行教学的原因，有的教师回答说学校不能提供相应的教学设备，有的教师回答说自己不懂多媒体教学技术。但是有 95.6% 的学生表示他们“非常喜欢”或“比较喜欢”多媒体教学方式。这项调查引起了关于多媒体教学的很多思考：是不是学生喜欢多媒体教学，教师就应该迎合学生的心理需求采用多媒体的教学方式？对于大学语文课堂教学，多媒体是否真的有必要？学生喜欢多媒体教学的原因，无非是多媒体教学设备的使用带给他们更多的感观刺激，多媒体教学真的有助于提高学生的大学语文素养吗？以上问题，有待进一步考证。但是，由于学校没有提供相应的教学设备而导致大学语文教师不能经常使用多媒体进行教学，却说明了一点——大学语文课程在高校里的位置并不太高。因为被调查的学校都不在偏远山区，学校在经济上应该都不会有很大困难，事实上这些学校也都具备一定数量的多媒体教室，但是为什么大学语文课程不能经常安排在多媒体教室呢？很多大学语文教师反映说，多媒体教室被学校安排给了专业课教师，或是英语教师。这说明大学语文课程在学校的地位不高，在教学设备安排上都体现出大学语文课程与英语课程、专业课程的差别。

5.关于大学语文课程考核方式的调查

前面“大学语文教师问卷”中关于本课程考核方式的调查结果说明，我国大学语文课程的考核方式不规范，大多由任职教师自主决定考核方式，采取开卷考试方式的教师只是走个形式应付一下学校的检查；采取闭卷考试方式的，也大多由教师自主命题，学校整个教研组统一出试卷的情况都很少。而我们的“大学语文学生问卷”中关于考核方式方面调查结果再次证明了这一点。被调查的1372位学生当中，有23.7%的学生愿意接受“开卷考试”的方式；有31.6%的学生愿意接受“开卷考试与平时成绩相结合”的考试方式；有25.7%的学生要接受“闭卷考试”的方式；有19.0%的学生愿意接受“闭卷考试与平时成绩相结合”的方式。一方面，大学语文课程的考核方式已经很松散；另一方面，学生也不希望大学语文课程的考核方式严肃起来。被调查的1372位学生中，有41.2%的学生希望采用开卷考试的方式，另有37.9%的学生希望采用“开卷考试与平时成绩相结合”的考试方式。如表4-16所示。很明显这其中有学生投机取巧的心理，这也显示了学生对长期以来所受的应试教育的反感、对以分数来评定学生优劣的考核方式的厌恶。闭卷考试固然有很多弊端，但是过于松垮的考核方式也不利于学生自觉勤奋地学习科学文化知识。有一位教育学家曾经做过一个关于考核方式效果的实验，他在高校中抽取了100名大学生作为实验对象，当年这100名大学生都是喜欢开卷考试，不喜欢闭卷考试的。但是20年后，当年的100名学生普遍反映，他们对于当年采用闭卷考试的科目的内容记得更多一些，更牢一些，在实践中能够灵活应用的也更多一些。所以他们认为还是闭卷考试对自己的发展更有利。

表 4-16 考核方式

考核方式	实际情况	心理取向
开卷考试	23.7%	41.2%
开卷与平时成绩相结合	31.6%	37.9%
闭卷考试	25.7%	12.8%
闭卷与平时成绩相结合	19.0%	8.1%

6. 学生对大学语文教师的评定

在被调查的所有学生中，认为其大学语文教师“很好”的，有 313 位，占总学生人数的 22.8%；认为其教师“较好”的，有 734 位，占总数的 53.5%；认为其大学语文教师“一般”的有 276 位，占总数的 20.1%；还有 49 位学生对其教师很不满意，认为其大学语文教师“较差”，这些学生占总学生人数的 3.6%。如表 4-17 所示。可见大多数的学生还是比较认可自己的大学语文教师的。目前在岗的大学语文教师应该对这一点感到欣慰，并应该继续在岗位上更加努力地工作。

表 4-17 学生对于大学语文教师的看法

对教师的看法	人数	比率
很好	313	22.8%
较好	734	53.5%
一般	276	20.1%
较差	49	3.6%

如表 4-18 所示，被调查的所有学生中，评价教师最主要的标准是“学术水平”的有 654 人，占总学生人数的 25.8%；最主要的评价标准是“教学方法”的有 214 人，占总学生人数的 15.6%；最主要的评价标准是教师的“人格魅力”的有 470 人，占总学生人数的 34.3%；最主要的评价标准是教师的“职业素质”的有 300 人，占总人数的 21.7%；还有 34 位学生选择了“其他”项，占总学生人数的 2.6%。这些学生在“其他”选项的备注项里列出的最主要评价大学语文教师的标准还有“是否具有渊博的知识”“是否具有丰富的社会经验”“必须具有高学历”等。

表 4-18　学生评价大学语文教师的标准

评价标准	人数	比率
学术水平	354	25.8%
教学方法	214	15.6%
人格魅力	470	34.3%
职业素质	300	21.7%
其他	34	2.6%

7. 关于学生语文素养的调查

语文素养是一个很宽泛的概念，这其中包括有很多方面的内容，比如写作能力、阅读能力、文学知识积累、文字知识积累、书法、普通话水平等很多，学生的语文素养其实也是一个比较难调查的问题。本次调查只选取了学生在中国古典诗词方面的积累这一个方面进行了调查。希望通过这一点在一定程度上了解当代大学生的语文水平。调查结果如表 4-19 所示。对于唐诗，在被调查的 1372 位学生中有 382 位只能背出 20 首以下的唐诗，占总人数的 27.8%；有 650 位学生能背出 20 ～ 50 首唐诗，占总人数的 47.4%；有 200 位学生能背出 50 ～ 100 首唐诗，占总人数的 14.6%；能背出 100 首以上唐诗的学生有 140 位，占总人数的 10.2%。总体看来，对我国古典文化精粹——唐诗，学生掌握的情况比较差，只有 10.2% 的学生能背出 100 首以上的唐诗。可以推测，能背诵唐诗三百首的学生更是寥寥无几了。学生对于宋词、元曲的熟悉与了解程度比唐诗还要差一些。能背出的宋词在 20 首以下的学生，占总学生人数的 36.8%；能背出 20 ～ 50 首的，占总学生人数的 41.2%；50 ～ 100 首的，占总学生人数的 12.8%；能背出 100 首以上的只有 9.2% 的学生了。至于元曲，94.2% 的学生都只能熟悉 20 首以下的元曲；能背出 20 ～ 50 首的，占总人数的 3.8%；能背出 50 ～ 100 首的，占总人数的 1.7%；能背出 100 首以上的，占总人数的 0.3%。

表 4-19　学生唐诗、宋词、元曲的积累水平

背诗数量	人数占比	唐诗	宋词	元曲
20 首以下	人数	382	475	1293
	比率	27.8%	36.8%	94.2%
20 ～ 50 首	人数	650	595	52
	比率	47.4%	41.2%	3.8%
50 ～ 100 首	人数	200	176	24
	比率	14.6%	12.8%	1.7%
100 首以上	人数	140	126	3
	比率	10.2%	9.2%	0.3%

8. 学生对大学语文课程的喜好程度

据前些年的调查，学生对大学语文课程普遍怀有反感情绪。如2004年青年教师冯大建在接受采访、回忆他的第一堂课时说：“一群没精打采的学生，拿着英语书，带着习题集。他们是怀着对语文课的厌恶来的。”教师的授课热情“当场降到冰点”。但是本次调查却发现学生对大学语文课程的喜爱度有明显的提升。如表4-20所示，在被调查的1372名学生当中，表示厌恶大学语文课程的有23名，表示不喜欢大学语文课程的有56名，两者总共79名，总计占总人数的5.8%；而表示大学语文课程听起来“还可以”的有295名学生，占总人数的21.1%；比较喜欢大学语文课程的学生最多，有895位，占总人数的64.9%；表示非常喜爱大学语文课程的学生有123名，占总人数的8.2%。这表明，学生对大学语文课程的喜爱度有明显的提升，但是还不够，我们应该进一步提高学生对大学语文课程的兴趣。

表4-20　学生对大学语文喜好程度

考试程度	人数	比率
厌恶	23	1.7%
不喜欢	56	4.1%
还可以	295	21.1%
比较喜欢	895	64.9%
非常喜欢	123	8.2%

9. 学生对大学语文课程必要性的认识

调查结果显示，学生对于开设大学语文课程必要性的认识比较充分。这样的调查结果令我们比较满意。如表4-21所示。被调查的1372名学生中没有人认为完全没必要开设大学语文课程，只有极个别的学生对本课程抱着无所谓的态度，这类学生只占总人数的0.4%；有98位学生认为开设本课程有一定的必要性，占总人数的7.1%；有569位学生认为比较有必要开设大学语文课程，占总人数的41.5%；另有700位学生认为非常有必要开设大学语文课程，占总人数的51.0%。

表4-21　学生对必要性的认识

有无必要性	人数	比率
完全没必要	0	0
无所谓	5	0.4%
有一定的必要性	98	7.1%
比较有必要	569	41.5%
非常必要	700	51.0%

10. 学生对大学语文课程的喜好程度与成绩的相关性调查

表 4-22　喜欢程度、必要性与语文成绩之间相关表

	分数	影响因素
喜欢程度	0.260（★★）	0.122（★）
	0.000	0.035
必要性	0.262（★★）	0.112
	0.000	0.052

注：★—— $P<0.05$；★★——$P<0.01$。

表 4-22 显示的是“喜欢程度”“必要性”与“语文成绩”之间的相关值。从表中可见，“喜欢程度”与“语文成绩”之间的 P 值小于 0.01，呈非常显著相关；“必要性”与“语文成绩”之间的 P 值也小于 0.01，呈非常显著相关；“喜欢程度”与“影响因素”之间的 P 值在 0.01 与 0.05 之间，呈显著相关；“影响因素”与“必要性”之间的 P 值大于 0.05, 两者之间不相关。“喜欢程度”与“必要性”都与“语文成绩”呈非常显著相关，也就是说，越喜爱大学语文课程、认为开设大学语文课程必要程度越高的学生，他的语文成绩也越好。这一调查结果对大学语文课程的改革很重要，为了提高学生的语文成绩、提高学生的语文素养，我们要想方设法激发学生对本课程的兴趣，要让学生进一步认识开设大学语文课程的必要性。说明一下，由于现实条件的局限，这里的“语文成绩”取的是学生的高考语文成绩。

综上所述，一方面，学生对开设大学语文课程的必要性有足够的认识（表 4-21 所示），也比较喜欢大学语文课程（如表 4-20 所示），这样学生就有可能产生学习大学语文课程的内在驱动力; 另一方面，学生对大学语文课程的教材、教法、教师等不尽满意，又容易使学生对大学语文课程产生厌恶情绪。这样看来，加强大学语文课程的教材建设、教法改革，提升大学语文教师素质就显得很迫切了。

三、通过调查分析大学语文课程的现状

通过分析上述调查问卷结果，我们可以看到大学语文课程的种种现实情况，通过归纳总结种种调查结果，对大学语文课程现状得出了如下的调查结论。

（一）普遍重视程度不够，定位不明

1．少数高校没有开设大学语文课程

国家实行高等教育自学考试制度后，大学语文课程被列为大学本科及专科各类自学考试必考的公共课程，其接受者主要是参加高等教育自学考试和成人教育考试的学生，而拥有大量全日制在读大学生的各类高校却较少针对在校大学生专门开设大学语文课程。

2．已经开设了大学语文课程的高校对这门课程不够重视

这种“不够重视”的情况表现在两个方面。第一，对大学语文课的地位不予重视。不少高校都将大学语文课当作一门选修课看待，一般作为选修课给这门课程安排 36 个课时，作为必修课给这门课程安排 54 个课时，课时偏少；有的教学时数也未规定，开多少算多少；即使开设了也可能临时取消。第二，学校对大学语文课程的教学质量不够重视。据了解，许多高校的大学语文课程都采取由中文系教师、学校行政人员或校外人员兼课等自主教学的方式，学校对其教学质量也缺乏必要的监督，导致有的教师上课敷衍了事，学生反感甚至厌学情绪严重。

（二）没有统一的教学大纲，各行其是

新中国成立以来，由国家教育行政部门组织编订的中学语文课程标准或教学大纲不下十余种，而大学语文课程连一本正式的、统一的教学大纲都没有。

没有正式的统一的教学大纲，大学语文教学目的也不明确。开设大学语文课，到底要教给学生什么知识，要培养学生什么能力，要让学生如何学好本国语言？这些问题至今仍众说纷纭，没有定论。对于大学语文教学目的，目前有若干种说法，归纳起来大致有四种。

1．“补缺”说

考试指挥棒的导向性、课业负担的繁重性和中学课堂教学方式的局限性导致刚入校门的大学生语文素养较差，尤其是高职单招生和中专毕业生中不少人连高中阶段的语文都没有学完或学得不完整，造成语文知识断裂，因此有人认为开设大学语文就是为这些学生补缺堵漏。

2．“应试”说

国家规定文科和理科的一部分专业在“专升本”的成人高考中必考大学

语文，于是高职高专院校便组织报考的人员参加大学语文考前辅导班，目的纯粹是迎考。

3.“点缀”说

有人认为非中文专业开设大学语文课是学习本专业的辅助科目，是人文教育的“点缀”课，而没有把它视为公共基础必修课。这样，学不学，学多学少都无所谓，主观随意性很大。

4.“思教”说

把大学语文作为进行政治思想教育的补充课程。诚然，该课程的选文有些是反映爱国主义精神，有些是反映正确的人生观，有些是反映震撼的人格力量和高尚的品格情操的，但开设大学语文的目的不仅仅囿于此，还有着更为深远的意义。教学目的是导航器、方向盘，教学目的不明确，影响教学计划的制订，师生在教学上也会出现盲目性，教师不能科学地把握教学的内容、教学的方向，也不能对课程价值做正确的评估。“大学语文课程到底要给学生什么，培养学生什么能力，要学生从中获得什么？”这是问题的症结所在。现存的种种大学语文教学的问题皆由此而产生。

（三）教材品种繁多，良莠不齐

教材是大学语文教学的基础，教材建设是大学语文课程改革中的重要环节之一。我国大学语文教材，正如王步高教授所说，已从10年前的“西周时期”——“一家独大，垄断市场”，发展到“春秋时期”——“诸侯混战，乱成一团”，希望大学语文教材的“战国时期”——“诸强争雄，各有千秋”，尽早来临。

教育部全国高校中文学科教学指导委员会的一项调查数据表明，在全国高校使用的大学语文教材当中，由徐中玉、齐森华主编的各种版本的《大学语文》约占市场的30%；南开大学教授陈洪主编的《大学语文》、南京大学教授丁帆主编的《新编大学语文》、王步高教授主编的《大学语文》、温儒敏教授主编的《高等语文》5种教材占市场份额的15%，其余55%为其他版本的教材。华东师范大学齐森华教授说，现在的《大学语文》虽然品种多，但看上去却很相似。在他收集的50多种教材里，从框架到编选的文章、注解、思考题，大同小异，大多都是抄来抄去。东南大学王步高教授也认为，当前教材版本众多，五花八门，令高校无所适从，且多数无特色，有的甚至大量“克隆”别人，并无参考价值。

一些大学语文教材存在的主要问题有以下三点。

1．语文教材结构编排缺乏科学性

教材体系的编排还不完全适合学生的心理发展规律和认知特点，文章与文章之间缺乏紧密的内在联系；缺乏明确的训练目标、周密的训练计划、系统的训练内容和科学的训练方法。这使语文教学产生了很大的盲目性和随意性。

2．语文教材内容跟不上时代的步伐，缺乏时代气息

语文教材内容不能突出地反映现代社会对语文知识和能力的要求，教材内容陈旧，反映新时代的内容少。选文大多是历史上素有定评的名家名篇，及20世纪20年代、30年代或者50年代、60年代的作品，现代社会生活中充满活力的语言现象及富有时代色彩的语文范例很难及时在课本中得到体现。而且不同时代作品选取比例失衡，这不可避免地会造成课本滞后于现代社会生活的被动现象。叶圣陶教育理论中关于语文教材编选理论认为，要精选文质兼美、脍炙人口、适合教学的典范文章，具体来说有三点：一要思想内容好，二要语言文字好，三要适合教学。

3．配套“工程”跟不上

除了缺乏权威性的教学大纲和课程标准，还缺少学生选修课题和课外阅读文本、教师教学参考用书等。而教学大纲、教师教学参考书等都是保证教学质量的重要材料，没有这些，教学质量就无法保证。

（四）教师队伍不稳定，你来我往

通过调查，发现由于缺乏编制上的保证，大学语文教师队伍不稳定，很多学校采用“新教师顶顶，老教师搭搭”的方法应付大学语文教学，除此之外，自由兼课的方式也比较盛行，兼课的有中文系教师、学校行政人员甚至聘用校外人员临时代课等，而兼职教师比例相对较大，据了解，综合类和文科院校，兼职教师的比例均超过专职。民办院校兼职教师更是占到大多数。学校没有专门的大学语文教研机构，师资零散，教师培训机会少，眼界不开阔，这样对内、对外都无法展开交流工作。大学语文课程也缺乏全国示范性的基地。大学语文不是一门独立的学科，其内容广博，古今中外的文学、艺术、历史、哲学、文化等都有涉及，这就对大学语文教师提出了相当高的要求，不仅要“专”，还要“博”。而现在所有的大学都是以专业科研成果来考核教师，教授大学语文的教师自然失去了研究方向。因此，不少优秀教师不愿承担大学语文的教学任务，许多学校只好指派刚参加工作的青年教师去上课，本次调查结果显示，大学语文教师的年龄多在30岁到40岁，教师队

伍呈现年轻化的特点，年轻教师的教学经验可能不足。青年教师文化素质、道德素质、情感表现力和教学技能还需要全面提高。另外由于年轻教师在专业发展方面有着不确定性，这就难以保证师资队伍的稳定。而在岗的优秀教师，大多仅是凭着对大学语文的热爱和对学生的负责而支撑。

近些年，大学语文这门课程在全国设立了大学语文研究会，各省也有相应的机构和组织，但少部分学校至今还没有相关机构来负责、统筹大学语文的教学研究工作，与兄弟院校的交流也基本没有，这既不利于学生素质的提高，也很不利于促进教师的教学，更不利于学校学科间的交流。

（五）教学方法单调，因循守旧

调查发现，大学语文课程教学方法简单呆板，重知识传授，缺能力训练。目前，单一的教学手段已很难适应社会的发展和学生的需求。传统的大学语文教学，教师的讲授占据课堂的绝大部分时间，从上课到下课，学生几乎没有思考和提出问题的时间。一方面原因是教材中篇章数量过多，而教师实际授课时间过少；另一方面，有些教师认为，作为非中文专业的学生，他们对文学知识的了解还停留在高中阶段，对文学问题难以有自己的见解，即使提出见解也是幼稚的，把课堂上的时间交给学生是一种浪费。这些教师对学习大学语文知识的重视程度超过了学习方法和对学生人文素养的培养。教学方式的简单、陈旧是大学生不太喜欢大学语文的一个原因，那种“填鸭式”的灌输和千篇一律的程序化教学（阅读课文—归纳段意—概括中心思想—分析人物形象或总结艺术表现手法等），大多数学生已不喜欢；至于教师念讲义、学生记讲义、考试抄讲义的陈旧机械方式，更令学生厌烦或排斥。这些常用的教学手法残忍地把一篇篇优美的文章分肢解体，使其变成一堆摆设整齐、逻辑井然却了无生气的零件。学生不可避免地要产生枯燥感、单调感和厌倦感。大学语文教学模式的改革已经刻不容缓了。

当代学生渴望的是一种信息量大的、观点新颖的、讲授方式灵活的、气氛活跃的、有趣味性的课堂环境。于是提供什么样的信息、如何将知识融于趣味之中、怎样才能带动学生的学习热情，便是大学语文教师、大学语文教学工作者需要深思的问题了。大学语文课程的教学内容重知识传授没有错，但知识不能泛化和虚化，传授什么知识？传授多少知识？孰重孰轻？孰主孰次？都应该有个度或至少规定一个基本框架。将语言知识转化为语文应用、审美与探究的能力才是至关重要的。当然这需要一个艰苦的过程，为了使知识转化为能力，教师要授予学生方法与技巧，学生也要反复地练习与实践。

传统观点认为，大学语文课程不需要其他教学辅助设备，教师有教材、教案，外加一支粉笔就可以了。进入 21 世纪，许多先进的现代化的教学手段被广泛应用，大学语文教学再局限于传统的口述方式已经很难适应社会的发展和学生的需求了，因此在教学中还必须采用现代化的教学设备，运用现代化的教学手段，以促进学生更好更快地掌握知识、提高能力。

（六）考核方式不严格，随心所欲

在本次被调查的 1372 名学生当中，接受开卷考试方式的学生有 727 人，占调查总数的 55.3%。据了解，即使是采取闭卷考试的教师，也大多会在考试前勾画重点，学生哪怕一个学期没有好好上大学语文课，只要背好了教师勾画的重点，也会顺利过关，甚至还会取得一个较高的分数。由于课时有限，一般教师无法在规定课时内教完整本教材的内容，在本次调查中，所有的教师都一致表示只能选讲教材的一部分内容进行教学。选取教材中的部分内容进行教学没有错，问题是大部分的学校都是由任科教师自主在教材上选择教学内容的。这样，同一学校的教师在选篇上没有保持一致性，也就是说在同一学校不同班级的学生的学习内容是不同的。教学内容不统一，教师在考核方面也没有办法保持一致性了。大多数教师自主给自己代课的班级出试卷，大学语文教研组统一出试题的情况都比较少，更不要说全校统一出题，全省统一出题了。大学语文课程缺乏一种衡量教学水平和学习效果的测评机制，个性化教学与规范化管理相互矛盾。建立规范的考试机制是大学语文教学改革的一个保障。作为高校素质教育的一门核心课程，大学语文测试应与大学英语四级测试一样重要。大学语文的考试考核问题与课程定位密切相关，二者是相辅相成、相互影响的。如果课程定位没有一个共识，考核方式就五花八门；如果考核不严肃，该门课程也不容易引起师生的高度重视。在课程定位取得一致的前提下，应加强各高校试题库的建设，加强高校之间的交流、学习。虽然不能搞全国统一考试，但大学语文的考核方式应当适当规范了。

没有调查就没有发言权。一份份问卷让任课教师吃惊，让教学管理者思考，让调查者忧心忡忡。传统的大学语文教学由曾经的辉煌步入了如今的尴尬境地，我们必须通过变革找到大学语文课程全面复兴的出路。大学语文课程改革存在着诸多的不容忽视的问题，这些问题应当引起相关人士的高度关注，妥善解决这些问题，大学语文课程才能有进一步的发展。

第二节　大学语文课程现存问题的原因分析

分类汇总调查问卷反映出来的数据，我们可以得出以上结论，也就是大学语文在教材、教法、教师、考核等各方面随意性都很大，该门课程在高校中得不到应有的重视。为什么大学语文课程始终得不到重视？为什么中国人投身外语的热潮，附和外语的高调，而弃母语于不顾？这些问题应该引发我们深深地思考了。当代中国人学习英语热情如火，却让母语躲在被遗忘的角落。更有许多学生被指责为“英语六级，汉语初级”，“能讲一口流利外语，却写不出像样的中文”。这些都是为什么呢？下面我们就来分析原因。

一、高校“重专业技能、轻文化素养”的人才观

首先，大学是侧重专业的教学，学生进入大学后，是要在中小学基础教育上，寻求进一步的专业发展的。从这个角度来看，“重专业”是高等教育的基本特点。其实，现代教育从其产生之日起，就是以促进人类理性发展和科学技术进步为价值取向的，高等教育尤其如此，“工具理性”一直主宰并伴随其整个发展进程。也就是说，高等教育是重专业、重实用的。中国的传统文化历来是重视人文精神的，传统教育中人文素质的培养是其重点。但在新中国成立以后，为发展经济，我国实行了很长一段时间的计划经济体制，国家建设需要大批的工业化人才，政府面对这种社会现状，应实际所需，相对削减综合性大学、发展理工科的专门院校，从而造成了我国高等教育重理工、轻人文的结构特征。

其次，大学是职前教育，对于大多数学生来讲，大学是他们走上工作岗位之前最后一个学习阶段。一些社会用人单位把专业水平作为人才衡量的主要标准，用人单位不但以个体的专业水平高低来决定人才取舍，而且以个体的专业水平高低决定其在公司的薪金待遇，可以说，在我国的求职场上“专业技能决定一切”。求职者能否应聘成功，或员工在公司经济待遇的高低都取决于这个人能否为本公司解决专业方面的问题。比如作为建筑设计师能否设计出新颖、实用的建筑物？作为软件开发员能否开发出更高水平的应用软件？作为保险精算师能否设计出既可以让保险公司营利又让客户受益的保险险种？等等，而这个人有多高的修养、他的道德品质的优劣、他是否爱国、是否热爱文学等方面用人单位考虑的比较少，或者说这些是用人单位衡量人才的次要标准，还有个别单位对这些问题根本不予以考虑。大学教育为了迎合社会的人才需求，也要重专业培训。社会需要专业性的人才，高校自然也就“重专业”了，在校方的指挥下，教师与学生把主要精力与时间花在了专

业课上，而能够投入提高语文素养方面的精力与时间就十分有限了。

学生在大学阶段发展自己的专业特长是正确的、必要的，但是这并不代表学生不需要提高自己的个人素养和语言运用能力了，中小学的语文教育只是让学生掌握基本的语文知识与能力，学生“是否能达到高中语文的教学目标、能在多大程度上达成高中语文教育目标”还是个问题，即使完全达成了高中语文的教学目标，也只是掌握了基本的语文知识与能力，而一个人进入社会之后，他在语文素养方面的需要远非如此。

二、社会人文精神的失落

市场经济的建立，为整个社会人文精神的构建带来了竞争、平等、民主的新鲜血液，但同时也强化了人们对自身物质利益的追求。特别是随着改革开放的深入发展，人们的思想观念发生了巨大的变化，整个社会出现了一种急功近利的倾向，人们的价值观念更趋功利化，人文精神也因此逐渐走向失落。整个社会人文精神的失落，使精神价值层面的东西被排斥在生活中心之外；人们对经济、物质的注目，对私利的追逐使原始的拜金主义、个人主义重新蔓延。于是，一些热门学科纷纷登场，而一些基础学科则冷冷清清；实用性较强的课程人满为患，人文性突出的课程则门前冷落。高校不再是人们修身的场所，而成为求职的跳板；学生不再高谈理想、信念，转而追求现实利益。许多大学生精神追求贫乏，政治信仰模糊，道德水准下降，由此造成厌学之风盛行。“虽然一些有识之士已经提出，人文教育的弱化与人文精神的缺失会造成人才培养上的缺陷，并将直接影响社会的良性发展；国家教育部门也不断强调人文教育的重要性，并采取相应措施，增加人文教育的比重。但是市场经济中功利主义对高等教育中本来薄弱的人文教育的冲击，以及整个社会人文精神的失落却是我们始料不及的。”

在市场经济环境中，“人们已经无暇继续考虑社会和人类的终极意义，社会正迅疾地‘还俗’，从精神控制中大规模地撤离”。在这种文化背景下，属于人文精神领域的大学语文课程遭到社会的冷落就不足为奇了。

三、西方文化的挤压

经济全球化带来了文化多元化，世界各国文化在我国相互交流、碰撞，这对于具有深厚底蕴的汉民族文化来讲，既是机遇也是挑战，民族文化如何在这种多元文化的碰撞中生存、发展，不仅是我国面临的一大问题，也是世界各国普遍面临的一个重大问题。

我国当代社会上的种种现象表明，汉民族文化受到西方文化的挤压：西方的情人节、愚人节、圣诞节正在被逐步普及，而中国传统的端午节、中秋节、重阳节则备受冷遇，甚至一部分人觉得我们中国最隆重的春节越过越没意思。越来越多的人喜欢进西式餐厅去消费，以至于麦当劳、肯德基餐厅在中国的全年营业额占至全国快餐业全年营业总额的七成左右。全国上下也是一片英语热，很多中国制造的商品都要以英文命名，如珀莱雅（PROYA）化妆品，索芙特（SOFTTO）洗发水，达芙妮（DAPHNE）皮鞋等，仿佛不起个英文名字，商品就不够时尚。这是我们对自己文化缺乏自信心的表现，是一种崇洋西化的心态。而大学生正在为通过英语四级考试（CET-4）、英语六级考试（CET-6）而努力奋斗着，甚至大学生如果不过英语四、六级在中国的大学里就拿不到毕业证或学位证！并且这已经成为许多高校的明文规定。这种做法本是违背英语四、六级考试初衷的，但高校为什么这么热衷呢？哈佛大学毕业的人类学博士阎云翔指出："这是涉及社会流动和社会分层的问题——通过英语考试可以向上流动。"大学语文在为"向上流动"中无法显示或提供它的硬实力，自然就要面临"下岗"的待遇了。

计算机、网络的普及也体现了西方文化的相对强势，当前我国人们的日常生活已经离不开计算机了，几乎所有人的工作、生活都与计算机、网络相关。而中国人和英国人使用的是同一套标准键盘，当中国人和英国人各自凭借记忆力输入字符时，英国人能看到自己输进去的每一个字符，而中国人却看不到，因为一大堆字母才对应一个汉字。很多人都在抱怨，每当使用电脑或手机时，他们不得不依赖英语才能进行表达或交流，因为他们只能通过敲击键盘上的英文字母，才能输入一大堆拼音，然后这一大堆拼音再转换成能自己看得懂的汉字。更为可怕的是，越来越多的中国人习惯了这种表达方式，现如今计算机的拼音输入法结合了词组联想功能，用户不必输入所有汉字的拼音就能得到想要的句子，你只需要输入每个拼音的开头字母，电脑中就可以显示出你想要的句子了。在这种情况下，许多中国人的打字速度已达"手随心动"的境界，他们无须考虑每个汉字要怎么写，怎么拼就可以得到整个句子。长此以往，中国的下一代是否还能用笔写出一篇好字？他们是否还能接受放下键盘、拿起笔杆的书写方式？我们且不论汉民族文化的发展趋势，但是在西方文化的挤压下，具有传承中华传统文化精髓、提高大学生汉语水平的大学语文备受歧视也就在所难免了。

大学语文课程遭受歧视不是偶然的，而是有着深刻社会历史原因的，我们要改变大学语文课程的现状不是一朝一夕的事情，大学语文课程改革还需要从长计议，仔细研讨。

第三节　针对大学语文课程现存问题的改革对策

一、课程设计方面

（一）制定科学的大学语文教学大纲

语文教学大纲对于语文教学是必不可少的。可是大学语文课程得以重新开设的几十年来，一直没有一份科学的、统一的、正式的教学大纲。没有教学大纲，就使得大学语文课程的教学目标不清晰，课程性质不明确；没有教学大纲，教师不知道应该教些什么，学生不知道应该学些什么；没有教学大纲，课堂的教学内容往往流于随意，有的教师讲文学、有的教师讲文字、有的教师讲写作、有的教师讲人文。即使是同一篇课文，不同的教师在进行教学时也可以随意确定教学的重点、难点。只有制定科学的、统一的大学语文教学大纲，才能规范大学语文教学、保证大学语文教学质量。

语文教学大纲对语文教学活动具有重要的意义，具体说来，包括以下三点。

1.语文教学大纲对语文教学活动具有导向作用

语文教学大纲可以使教学任务明朗化，引导语文教学朝着既定的方向前进，以免旁逸斜出，从而有效地减少教学中的盲目性，提高语文教学的质量和效率。

2.语文教学大纲对语文教学活动具有控制作用

教学大纲控制着整个的教学内容，包括语文教学内容量的多少、难度的大小等；大纲控制着教学的进程，包括教学过程阶段的安排，时间的长短等。教学过程中的教师活动和学生活动也可以依据教学大纲进行调整。

3.语文教学大纲对语文教学活动具有评价作用

语文教学的评价标准应来自教学大纲，教学大纲对教学活动达成效果分层次、分类别的规定，给语文教学的一切活动提供了可检查、可评定的内容。是否达到或在何种程度上达到既定的教学目标，是衡量教师教学效果和学生学习成绩的重要尺度。

所以，必须尽快组织专门人员编写大学语文教学大纲。

需要特别指出的是，大学语文教学大纲一定要坚持大学语文课程的合理定位，这一点至关重要。高校应当及时对课程进行调整，将大学语文作为公共基础必修课程纳入除中文专业以外的其他各专业的教学计划。要保证大学语文课程有足够的课时量，在大学一年级的两个学期都应当开设大学语文课程，而目前一些高校所安排的54个课时、36个课时是远远不够的，大学语文课程至少要保证72个课时量，才有可能完成课程目标。其一，深化汉语母语教育，提高阅读与写作水平；其二，进一步认识中国文学，提高欣赏水平；其三，提高民族自豪感与民族文化认同感；其四，强化语文教育的情感培养、人生引导作用，实现“人的全面发展”。

大学语文课程被定位为公共基础必修课是肯定的，课程定位明确以后，广大的大学语文教学工作者在实践中一定要坚持落实大学语文公共基础必修课的地位，不然的话，“大学语文是高校的公共基础必修课程”就成了一句空话，定位问题不落实，大学语文课程的目标就无法得到实现，课程性质就没有了凭借，课程的重要作用也无法有效地发挥，接下来这门课程在教材、教师、教法、考核等一系列方面的问题都得不到解决。所以说，坚持大学语文课程的合理定位，对于推进大学语文课程改革工作是至关重要的。

为了在实践中有效地坚持落实大学语文课程的合理地位，我们呼吁国家有关部门给大学语文课程的地位以“法”的保证，把大学语文作为“公共基础必修课”用红头文件的形式给法定下来。这是必要的、必需的，如果不把大学语文课程列入公共基础必修课的“正册”，这门课程总是存在着某种随意性、不稳定性，校、系领导重视，这门课程可纳入正常轨道，课时得以保证；校、系领导不重视，这门课程的课时就随意减少，甚至砍掉直至停开。其实请求给予大学语文课程法定地位的呼声一直就没有断过，全国大学语文研究会1982年召开第一届年会以来，几乎每一届年会都要提及这一话题。1986年在北京召开的第三届年会上，曾将“大学语文课程的定位”作为一个中心问题来探讨，当时之所以把会议的地点选择在北京，就是希望会议的决定能够得到教育部的认可，把这门课程作为公共基础必修课用红头文件的形式给法定下来。可是，尽管全国大学语文研究会每一次年会都发出这样的呼吁，大学语文课程还是始终未得到“法”的规定性，未取得“法”的保证。至今，在教育部颁布的教学计划中，大学语文仍未列入“正册”。

我们期待着大学语文课程的法定地位早一天确定下来，在此之前，所有有条件、有可能的院校，所有有能力调整大学语文课程地位的教育工作者，都应当积极行动起来，坚持大学语文课程的合理定位，在实践中坚决落实这门课程的“公共基础必修课”的地位，给这门课程足够的课时、足够的重视。

（二）设计合理的大学语文教学内容

教学内容是研究大学语文课程“教什么”的问题。教学内容问题是课程最为重要的问题，如果对于大学语文课程教师不知道要教什么，学生不知道要学什么，大学语文课程目标就没有了落实的载体，成为空中楼阁，可望而不可即；大学语文教学方法、教学设计、教学评价等，也成为无源之水、无本之木；一切语文教学活动都将混乱起来。可见，对大学语文课程内容的研究意义十分重大。

这里首先需要区别“教学内容”与“教材”这两个概念，“教学内容”不等于“教材”，“教学内容”指在实际教学过程中涉及的那些内容。“教材”有广义与狭义之分，广义的“教材”是指所有能用于教学的材料（比如录音带、挂图、音像等），狭义的“教材”指教科书、书本。我们这里的“教材”指的是狭义的教材。在大学语文教学中，教材内容可以作为教学内容，但教材内容不是教学内容的全部。通过调查发现，大学语文课堂教学内容并不完全来自所用的教材，在调查中有 62.2% 的被调查教师表明其教学内容主要取自教材，另有 32.4% 的教师表明其教学内容主要从课外选定。

我国大学语文教学内容较为混乱，可以说大学语文的教学内容改革已经刻不容缓了，如何改革大学语文的教学内容？以下几点是改革的关键。

1. 大学语文的教学内容应该主要来自精编的大学语文教材

大学语文的教学内容如果是任职教师可以随意选定的，就无法保证教学的质量。一门课程在规定的课时内要教给学生什么东西，让学生达到一个什么样的目标，怎么样达成这个目标，应该在开课前有专门的人员进行科学和严谨的规划与设计。如果依照任职教师的喜好随意确定教学内容，学生能够学到的东西就可多可少，可有可无了。大学语文教材毕竟是经过编者认真全面的考虑，按照一定的体例编写而成的，具有相对的科学性、系统性。确保教学内容主要来自精编的大学语文教材，就可以帮助学生在规定的时间内尽可能地掌握全面的、系统的、有价值的语文知识与能力。当然，教师也可以结合时事、考虑自己的专长自主选取一定的教学内容，但这不能占据大部分的课时，以控制在 10% 的课时量之内为宜。

2. 建立大学语文教材准入机制，精编精选优质教材

大约在 1990 年以后，我国出现了编写和出版大学语文教材的热潮。全国各地的大学语文教材纷纷面市，打破了教材编写中长期存在的单一状况，形成了多元互补、相互竞争的局面。这样，各类不同的高校就可以选择更适合

自己的教材了。但这其中也确实存在一些不良现象，如粗制滥造、照抄他人框架等。进入21世纪以来，大学语文教材的版本数量快速增长，仅投入使用的教材就达到千种。估计在大学语文普遍成为高校公共基础必修课之后，地方自编教材还会越来越多。面对大学语文教材这种混乱的局面，“精选”成为教材建设要面对的主要问题。

当今的大学语文教材的多元化在很大程度上是商业利益的驱动所导致的。教材建设应该提倡多元的互补交流，要坚决杜绝恶性炒作！东南大学教授王步高教授呼吁说，如果要面向所有大学生开设大学语文课，教材出版必须有一个准入机制。这一呼吁已得到教育部的认可。在中国语言文学学科教学指导委员会主任陈洪看来，比较好的办法是由教育部出面，对目前正在使用的几百种大学语文教材，组织最高水平的语文专家进行评审，选出五到六种大家认为质量最高的教材供全国各类高校选用，淘汰那些质量低劣的教材。

二、教学方法方面

（一）采用多种教学手段

教学方法是研究大学语文“怎么教”的问题，教学方法的使用影响到学生的学习兴趣，影响到教学目标能否顺利完成。语文教学方法有很多，不能说哪一种教学方法好，哪一种教学方法差，教师在具体的大学语文教学中应根据不同的教学内容，选择不同的教学方法。通过调查了解到，虽然当前教育界在大力提倡自主、合作、探究的教学方式，可是在大学语文实际教学中教师采用最多的仍然是传统的串讲法。被调查的学生中有78.5%的学生表明教师主要采用串讲法，而学生并不喜欢这种教学方法，调查表明学生更喜欢讨论法、谈话法、点拨法等能发挥其学习自主性的教学方法。可以说，大学语文教学方法也到了非改不可的地步。怎么改革大学语文课程的教学方法？以下两个方面是教学方法改革的突破口。

1. 提倡自主、合作、探究的学习方式

提倡自主、合作、探究的学习方式，充分尊重学生学习的自主性。语文教学方法有很多，关于语文教学方法的分类也有很多，我们这里采用中国教育学会语文教学法研究会组织编写的《语文教育学引论》中的分类方法，书中将语文课堂教学的常规方法分为两大类：一类是以语言传递信息为主的方法（包括讲授法、串讲法、问答式教学法、谈话式教学法、讨论式教学法、点拨式教学法六类）；另一类是以训练为主的方法（包括练习式教学法、诵读式教学法、以引导探究为主的教学方法、以欣赏活动为主的教学方法四类）。对于大学生而言，语文教学宜多采用能够发挥学生学习自主性的教学方法，如谈话式教学法、讨论式教学法、以引导探究为主的教学方法、以欣赏活动为主的教学方法等。大学语文课堂应摒弃教师的话语霸权，充分尊重学生的主体性。学生才是课堂的中心，教师在课上只要起到引导学生有效学习的作用就可以了。“以学生为中心”是一种重要的教育理念，它主张“学”重于“教”，教师由过去知识的传授者、教学的领导者转变成学习过程中的咨询者、指导者和伙伴。大学语文教师在课堂上要营造一种平等、自由、民主的氛围，尊重学生的主体性、自主性。大学生的思维已表现出较强的批判性，他们厌恶教师“填鸭式”的教学，有表达自己见解、看法的要求，而且大学生已经具备了相关的知识基础和认知能力，他们完全可以在教师的启发引导下自主地学习、理解一大部分的教学内容，并有能力对教学内容进行良好的消化和吸收，最终达成教学目标。对于这一类的教学内容，教师就没有必要苦口婆心地讲述了。

2.引进现代教学技术

通过调查发现，95.6%的学生“非常喜欢”或“比较喜欢”多媒体教学。但是实际上大学语文教师却因为自身计算机水平低、学校没有相关设备等原因不能经常进行多媒体教学。学校要最大限度地为大学语文课程提供常规的多媒体教室，教师也要迅速提高自己的计算机水平，掌握多媒体教学的相关技术。现代教学技术的应用，能使演示效果增强几倍甚至十几倍并具备操作方便、快捷的特点，最重要的是它可以增大课程容量、课堂密度，这就等于增加了许多无形的课时。尤其对启发学生的形象思维效果极佳。多媒体辅助教学，改变了传统的教师讲、学生听的课堂教学模式，给大学语文课堂教学注入了新的血液。教师借助于多媒体不仅可以实现大容量、高密度、快节奏的课堂教学，而且可以营造和谐、高效的教学氛围，使学生在积极参与、手脑并用中主动发展语文能力。

（二）开展丰富多彩的课外活动

语文学习的外延与生活的外延相融。学生随时随地都有学习语文的机会。丰富多彩的语文课外活动是课堂教学的延伸。生活是培养语文能力的源头活水，语文是与生活联系在一起的。因此，大学语文教学一定要向广阔的生活开放，有意识地以语文课堂教学为轴心向生活的相关领域扩展，使语文教学形成一个“辐射型”的整体网络结构。

首先在个人层面，教师要引导学生从课堂教学向外拓展，增加经典名著和其他优秀读物的阅读量，发展独立阅读分析的能力，加强语文积累，培养良好的现代汉语语感，努力提高对古代诗文语言的感受力和鉴赏力，力求有个性、有创意地表达，根据个人特长和兴趣自主写作。

其次在校园层面，第二课堂、人文专题讲座、校园文化活动（如演讲比赛、诗歌朗诵会、小品表演、征文竞赛等）都是大学语文课外活动的良好形式，学生要主动在生活和学习其他课程方面，规范、熟练、有效地运用语言文字，提高口头交际能力和书面表达能力。

最后在更高更广阔的社会层面上，要让学生把大学语文作为从课堂走向社会的一座桥梁，做社会调查，写调查报告，关注当代语文生活，尊重和理解多元文化，并积极参与先进文化的传播和交流。当今世界处处都蕴藏着人文、社会和自然的丰富的语文课程资源，要充分挖掘与利用这些教育资源（如图书馆、展览馆、革命纪念地、文物古迹、爱国主义教育基地、科普教育基地、自然风光等），突破教材局限，启发学生全方位地学习大学语文，使大学语文学得更生动、更深刻、更富有成果。

语文课外活动可以扩大学生的知识面，丰富他们的情感世界，使他们更加热爱生活和品味生活，领悟人生。通过开展大学语文课外学习，增强学生的责任感，挖掘他们的灵性和潜能，激发他们的创造激情，使他们奋发进取，逐步进入语文学习的“自由王国”。

（三）严肃考核方式

目前，大学语文课的考核往往会陷入两难的境地：要么采用闭卷的形式考核，为了防止有大量的学生不及格，教师考前要给学生勾画重点；要么采用开卷的形式考核，教师让学生比较顺利地通过。大学语文课程采用“以一张试卷定乾坤”的做法不符合高校教育的培养目标要求，也很难把一个学期学过的内容全部测验出来。至于考前给学生勾画重点的行为，更是自欺欺人的做法。开设大学语文课程是要提高学生的语文素养、提高学生听、说、读、写能力的。而语文素养的提高，是要靠个人日积月累的学习和反复的练习才可以达到的。如果教师在考前给学生勾画考点，让学生通过死记硬背的方式拿到这门课程的学分，学生平时就不会认真地、踏实地学习语文知识了，就更谈不上语文素养的提高了。至于开卷考试，就更是形式化、走过场了。

大学语文课程的考核，应以能力测试为主，以对知识掌握的测试为辅，并提高平时考核和作业成绩在学生总成绩中的比例。考核采用口试与笔试结合、课堂内与课堂外结合、闭卷与开卷结合、论文与答辩结合等形式，认真考查学生的全面表现，比如平时作业有成绩，课堂讨论发言有记录，课外征文、演讲比赛等获奖要加分。应把学生在平时课堂上积极参与“学”“练”过程施予一定的比例分数，如平时作业、课堂表现、学习态度、出勤情况应占综合成绩的10%乃至更多，期中考试占综合成绩20%乃至更多，期末成绩应占综合成绩的50%至70%。这样做的结果既激励了学生在课堂上积极参与“学”与“练”，又有利于达到各种能力的培养目的（如动手、动脑、动口能力等）。为培养学生的口头表达能力，教师甚至可以考虑将演讲等口试成绩纳入学生平时成绩考核之中。考试不是最终目的，关键在于教学中能真正培养学生的听、说、读、写等语文综合能力。

（四）激发学生的学习动机

大学语文教学要以学生为主体，培养学生的学习动机，激发学生的学习兴趣，促进学生自主学习。所谓学习动机，是指激发个体进行学习活动或维持已引起的学习活动，并使行为朝向一定学习目标的一种内在过程或内部心理状态。学习动机在学生的学习活动中意义重大。大量的研究发现，学习动机的指向和水平直接影响着学生的学习行为和学业成就。本次调查的结果再次证明了这个道理。学生调查问卷调查了学生对大学语文课程的喜欢程度和必要性的认识，也调查了学生的语文成绩，在用SPSS12.0软件对数据进行处理时发现，“喜欢程度”与“成绩”之间呈非常显著相关；“必要性认识”与“成绩”之间也呈非常显著相关。也就是说，越喜欢大学语文课程、认为开设大学语文课程必要程度越高的学生，他的语文成绩也越高。因此，在大学语文教学中教师应充分激发学生的学习兴趣。学生是学习的主体，学生必须“志于学，乐于学”，才能取得优良的学业成绩，才能有所收获。

学习动机能够激发学生进行某种学习活动，使其表现出渴望求知的迫切愿望，激起其探索的欲望，能使学生在学习中表现出认真的学习态度，高涨的学习热情，表现出专心致志甚至废寝忘食的学习精神，最终达成学习目标，取得学业成功。现代教学理论认为，教师的真正本领，不在于会讲授知识，而在于能够激发学生的学习动机，唤起学生的求知欲望，唤醒其自主学习的意识，实现教和学的互动，从而使学生走出被动学习的误区，主动参与教学过程。如果教师不想方设法使学生产生强烈的求知欲，而是急于传授知识，会使学生产生厌倦的情绪和冷漠的态度，进而产生逆反心理。因此，在大学语文教学中，还要让学生深刻理解学习大学语文的重要意义。要给学生提出具体的学习任务和标准，同时对他们在学习中所取得的成绩给予及时的肯定和鼓励，以提高学生的自我效能感，使学生真实地感受到大学语文的学习是客观需要、社会责任，也是一种精神陶冶、审美享受。这样就可以进一步提高学习兴趣、进一步激发学习动机，从而不断地提高学生自我学习、自我教育、自我发展的能力。

三、师资建设方面

（一）要建立一支稳定的教师队伍

大学语文教师队伍应该是长期相对稳定的。大学语文教师不能打游击，不能想来就来、想走就走，教育心理学研究证明，学生对新教师都要有一个心理适应过程，在这个过程中学生的接受能力、学习能力较差一些，如果一门课程总是更换教师，那么学生一个学期总是处于适应新教师的阶段，无法进行正常高效的学习，还有可能引起对此课程的反感情绪。鉴于以上原因，大学语文课程应当有专门的教研室，由教研室专门负责教师的培训、课程的安排、课程的考核等。现在的大学英语一般在高校都有公共外语教研室，这个公共外语教研室专门负责全校大学英语的教学工作，这就可以较有效地保证大学英语的教学质量。可是据了解，我们的大学语文课程不要说是有校级的公共语文教研室，就是文学院或中文系有些都没有专门的大学语文教研室，绝大多数的大学语文没有专门的教研机构，这个问题不容忽视，必须要建立专门的大学语文教研机构才可以保证大学语文课程师资队伍的稳定、优质。

（二）保证教师队伍的质量

不是谁都可以做好一个大学语文教师的。可是许多大学语文教师都是从学校其他部门抽调过来临时客串大学语文教师的，这就不乏学历较低、教龄较短、素质较差的教师充斥其中。大学语文教学不能继续采用随便兼课的方式了，大学语文教师应该具有专业的知识素养和能力素养。在知识素养方面：大学语文教师要具有大学语文专业知识，包括语言学方面、文章学方面、文艺学方面的知识。大学语文教师还应当具有高等教育专业知识，包括高等教育学知识、高等教育心理学知识及大学语文教学学专业知识等。在能力方面：大学语文教师应当具有良好的教学设计能力、教学实施能力、教学评价能力、教学研究能力等。大学语文教师的语文科研能力很重要，有效地开发和利用课程资源、开展科研活动可以不断地拓展大学语文教学的深度和广度。目前，对于大学语文课程教材、教法、教师、评价体系等方面的理论研究都很不完整，这门课程急需大量的、有科研能力、有专业素养的好教师。

敬业精神是所有教师都应当具备的基本素养，但是大学语文这门课程的教授，教师的敬业精神显得更为重要。现在绝大多数高校都是以专业科研成果来考核教师的，教授大学语文的教师没有专业的研究方向，职称晋升会受到严重影响。在这种情况下一些教师纷纷离岗。在与大学语文教师的访谈过程中，听到了教师诸多的无奈与苦楚。应该看到大学语文课程的地位正在逐渐地提升，但是其法定地位的确立还需要一段时间。在这段时间内，教师利益的保障肯定还有薄弱的地方，这就需要大学语文教师有吃苦耐劳的精神了。只有广大的大学语文教师安心于教学工作，才能保证教师队伍的稳定，才能保证教学质量的稳步提高。

（三）保证教师队伍的数量

既然大学语文课程应当设定为公共基础必修课，那么所有的专业都应当在第一学年开设大学语文课。如果这样的话，全校的大学语文教学工作量就很大了，这就需要有一定数量的大学语文教师，只有保证优秀的大学语文教师的数量才能保证每个专业、每个班级在最佳的学习时段都有优秀的教师进行正常的大学语文教学。据了解，现有的大学语文教师每学期要代 8 ～ 10 个班的大学语文课，一个教师的工作时间是有限的，教师白天的时间赶不完这么多班级的课，就只好把一些班级的大学语文课程安排在晚上或是周末，而晚上或周末都是学生精神状态比较散漫、大脑思维比较迟缓的时段，在这种状态下教师教得再好，也无法保证学生的听课质量了。而有了足够的大学语文教师就可以避免教师的教学任务量过重而影响授课质量的问题了。

（四）重点加强两个层次教师的培训

一方面是着眼未来，提升青年教师职业素质，另一方面是实施人才工程，加强高层次教师队伍的建设。提升青年教师职业素质是大学语文教师队伍建设的重要方面。青年学科带头人和青年骨干教师是教师队伍的中坚力量。青年教师具有较强的活力、事业心和创新精神，是学校的未来。为了学校的长远发展，学校应加强青年教师队伍建设，赋予青年教师以更大的责任和发展机遇，为其创造更大的发展空间，从而使学校的发展充满活力。学校应从战略高度认真分析青年教师的优势和不足，采取有效措施，加强思想品德和职业道德教育，加强职业技能培训，提高他们的教学水平。此外，学校要在教育经费中划出专款用于高层次教师队伍建设。学高为师，大学语文要有一批教授、副教授、博士、硕士从事教学工作。教授这门课程的教师应该是中文专业领域的专家学者。要培养高水平的学生，要求教师学识渊博、学业精深。要指定和培养高层次的学科带头人，让他们不但在科研上起带头作用，而且在教学中起带头作用。其实在大学语文课程设立之初，各大学多是安排知识面最广博的名师来任职的，徐中玉教授在接受《南方周末》记者采访时说："比如当时的清华大学，最有教学经验的朱自清、吕叔湘等来担任，很多人即使愿意，还上不了这门课。我当时在青岛国立山东大学读书，知道山东大学采取的就是清华的做法，由沈从文等系里最好的教师来教。"这种做法应该在当代大学语文教学中发扬光大。

但目前在部分高校中，一些热心于大学语文教学的教师还不能完全放开手脚，大胆探索，实施教改。其原因是比较复杂的，有的院校实施教学质量监控的相关人员在对教师进行教学质量监控和评价的过程中，不能更新观念，仍以传统的教法去限制教师，因此严重挫伤了教师教学改革的积极性；有的院校先进的教学设备有限，不能满足教学改革的需要；有的院校教学管理者对此课程的重要程度不够等，在部分院校甚至还同时存在以上多个方面的原因。

第五章　大学语文课程价值与实现

第一节　大学语文课程价值的概念

近年来，国内有学者对课程价值的概念进行过较为深入的探讨。例如，靳玉乐、杨红根据马克思主义关于“价值”的论述提出：“课程价值就是指课程满足主体一定需要的属性，即课程的存在、作用及变化对于一定主体需要及其发展的适应。”王燕认为“课程价值是课程对个体和社会发展的意义，是对个体和社会一定需要的满足”。

基于以上研究，笔者认为，所谓课程价值，就是指“课程能够满足主体人和社会的一定需要，即课程的存在、作用及其变化对一定主体需要及其发展的适应。简单来讲，课程的价值，就是课程对人和社会的意义。”在现实的教育活动中，一门课程的价值并不是单方面的，而是一个完整的系统。

由此可见，大学语文课程价值的概念就可以理解为大学语文课程对于主体人（学生）和社会发展的意义。

第二节　大学语文课程价值的存在形式

通过对大学语文课程发展历程的研究可以发现，在不同的时代背景下，大学语文课程被赋予的历史使命是不尽相同的。相应的，大学语文课程所具有的价值也是与时俱进的。在当今这样一个知识经济高度发展的时代，国家和社会对大学语文课程提出了更高的要求。大学语文课程作为我国高校中开设的母语教育课程，它不仅可以提高大学生的语文素养，培养大学生的思维能力，而且还有助于提高大学生的人文素质。除此之外，大学语文课程还具有社会价值。社会价值的实现是通过学生个体价值的实现而间接实现的。由此可见，大学语文课程的开设对于个人、集体，乃至全社会都有非比寻常的意义。那大学语文课程的价值何在？下面主要从社会价值和个体价值两个方面来谈。

一、大学语文课程的社会价值

（一）政治价值

大学语文课程的政治价值，主要是指大学语文课程的社会精神生产价值。大学语文课程内容涉及范围较广，其中也包含了社会的政治思想。它始终不渝地坚持着中国特色社会主义理论，将国家的富强、民族的振兴和学生的个人发展联系起来，使学生在学习的过程中树立科学的政治观，从而为社会的政治发展做出不可磨灭的贡献。

（二）经济价值

大学语文课程的经济价值，主要是指大学语文课程对于人和社会在经济上的意义，也可以简单地理解为大学语文课程对于促进社会经济发展所能做出的贡献。

大学语文课程对于社会经济的发展所产生的作用是间接的，它需要通过“劳动者”这个中间载体才能更好地实现。大学语文课程的目的是培养全面发展的人，而经济发展的主体也是人，因此，大学语文课程通过培养全面发展的人，人再通过经济活动产生经济价值，从而间接地实现其经济价值。

（三）文化价值

大学语文课程具有传承优秀传统文化的价值。我国传统文化博大精深，源远流长，兼容并蓄，和而不同，流传至今已有五千多年的历史。在如此漫长的时间里，有些传统文化或许已经遗失在了历史的长河中，但幸运的是大部分的优秀传统文化被完整地保留了下来，这无疑要感谢那些为文化传承做出贡献的先辈们。除此之外，我们的教育也承担了文化传承的责任，大学语文就是这样一门重要的课程。

大学语文的教学内容以历代名篇佳作为主，它们都是从我国五彩缤纷的文化花园中精心选取的朵朵奇葩，更是从传统文化宝库中用心挑选的件件珍宝。作品中有对正直和善良的赞扬，也有对虚伪和丑恶的批判，有“富贵不能淫，贫贱不能移，威武不能屈”的崇高精神，也有“不为五斗米折腰”的傲然之气，有“安得广厦千万间，大庇天下寒士俱欢颜”的宽广胸怀，也有“人生自古谁无死，留取丹心照汗青”的爱国热情。总而言之，通过学习大学语文课，学生不仅能够认识到中华民族的传统文化和传统美德，更能使学生的思想境界得到净化和提升。在一代又一代学生的学习当中，将中华民族的优秀传统文化世世代代地传承下去。

（四）生态价值

21世纪被人们称为生态纪。随着全球变暖、臭氧层破坏、土地荒漠化、酸雨污染加重、水资源短缺等生态危机的出现，以及地震、海啸、泥石流等自然灾害的频频发生，人类终于意识到保护生态环境，与自然和谐相处的重要性，生态教育理念也应运而生。大学语文作为一门人文素质教育课程，其宗旨与生态教育理念是相互契合、相互统一的。

大学语文课程能够引导学生尊重自然，培养学生正确的生态观。无论是先秦诸子中孔子提倡的“仁爱”，还是老庄坚持的以“自然”为核心，都充分体现出他们对天地自然的无限尊重。“天人合一”“道法自然”是他们所提倡的处理人与自然关系的基本法则。自然界在诗人的笔下是绚烂的，是多彩的，是鲜活的，是具有灵性的，更是永恒的。一首《春江花月夜》以孤篇压倒全唐，绘景相当出色。作者描写了波光、潮水、沙滩、夜空、花林、白云、海雾等一系列自然景象，绘制了一幅清丽灵动、生意盎然的“自然风景图”，让读者从中看到了自然的魅力，也体会到了自然存在的本位价值。

大学语文课程能够激发学生对自然界的热爱，从而投身到保护生态环境的实践当中。文学作品是生命感悟之作，也是感情浸润之作。骆宾王的《鹅》是大家耳熟能详的作品，诗中对鹅这一自然事物的描写既生动形象，又充满了作者对鹅的喜爱之情，同时也成就了《鹅》这首诗，使其成为流传古今的名作。“梅、兰、竹、菊”被誉为“花中四君子”，成为中国人感悟喻志的象征，也是咏物诗和文人画中最常见的题材，正是根源于对这种审美人格境界的神往。它们的共同特点是：自强不息、清华其外、淡泊其中、不做媚世之态，因此成为人们所赞誉的自然景物。大学语文课程能用自己独有的声情并茂的教学方式和内容将学生对自然界的喜爱转化为他们的生态观念，内化为自己的价值观，从而参与到社会实践当中。

高校学生作为祖国乃至全社会未来接班人的重要成员，一定要将生态观念内化为自己的世界观、价值观，并将其付诸实践，才能把我们的社会建设成为富强、民主、文明、和谐的社会。因此，大学语文课程的生态价值是显而易见的。

二、大学语文课程的个体价值

（一）提高学生的语文素养

李维鼎先生曾这样解释“语文语文，就是‘言语’；‘语文教育’就是‘言语教育’；要言之，即通过听、说、读、写等言语活动去培养听、说、读、写的能力，以适应社会生活中的听、说、读、写的需要”。由此我们可以看出，语文课程的基本任务就是培养学生的听、说、读、写的能力。中小学阶段的语文教育主要是以培养学生的听、说能力为主，也适当地加入了读和写的学习，而大学阶段则以培养和提高学生的阅读和写作能力为主。

1.提高学生的阅读能力

在现代这样一个高科技、信息化的时代，电子设备的多样化和网络的普及性使得我们的日常生活充满了各式各样的信息。面对这样的生存环境，较强的获取信息的能力有利于我们更好地生活下去，而阅读就是培养我们信息获得能力的重要途径之一。

阅读是由一系列过程和行为共同构成的，学习阅读的过程就是学习如何从书本研究中提取有效信息的过程。大学语文课程作为高等院校中开设的“语文课”，理所应当地承担起了训练和提升大学生阅读能力的重任。大学语文教材相对于中学语文教材来讲，无论是在内容的丰富性上还是在学习内容的深度上都要提升一个台阶。大学语文教材中所选的作品涉及方方面面的内容。从古至今，从国内到国外，从诗歌到议论文，不同年代，不同国度，不同体裁的优秀文学作品都在大学语文的教材里有所涉及，而且大学语文教材中包含的篇目数量也大大地超出了中学语文课本，这样在无形中就拓宽了学生的阅读视野。除此之外，大学语文的教学更加注重对学生阅读技巧和阅读能力的培养和提升。在大学语文的学习过程中，教师的主要任务不是教会学生分析课文，而是要引导学生通过对细节的分析，来加深对文学作品的理解。在对作品一遍一遍、反反复复地阅读和分析中，逐渐掌握作者的写作思路，找出作品的重点章节和内容。在经过大量的阅读训练后，学生就能很容易地提取出一篇文章，甚至一部作品中的重要信息。阅读能力也会有大幅度的提升。

2.提高学生的写作能力

中华民族素来“尚文”。在古代，人们把写作与治国安邦、金榜题名联系在一起。到现代，人们又将写作与工作能力、社会交际相提并论。从古到今，重视写作在我们国家是千年不变的硬道理。如果说阅读是语文学习的输入过程，那写作就是语文学习的输出过程，同时也是语文学习的重点和难点。当今社会，无论是撰写求职信、调查报告，还是专业论文、汇报总结，都需要大学生有较强的写作能力。广而言之，无论什么人，无论从事什么职业，都离不开写作。比如说，首次提出电磁感应现象的学者法拉第，最初就因为论文语言艰涩难懂，导致论文无法如愿发表。在经历了 26 年的漫长等待后，他的论文才终于在朋友的帮助下得以发表。由此可见，无论是实际工作，还是科学研究，如果没有较高的写作能力简直是寸步难行。大学语文课专门开设的写作课程，目的就是引导学生加强选题命题、遣词造句、整体布局等方面的基础写作能力。

（二）培养学生的思维能力

1. 培养学生的批判性思维能力

每一部文学作品都有其自身的创作背景和立足点，也都或多或少地反映了当时的社会背景和作者的个人思想，其中也不乏一些极具批判性的观点。

《孔乙己》中作者在批判孔乙己的迂腐之余，也对咸亨酒店里看客的麻木、冷漠进行了辛辣的嘲讽；《阿Q正传》中阿Q表现出的麻木、健忘等国民劣根性也是作者极力批判的对象；《祝福》中祥林嫂的无知、奴性，想做奴隶而不得的性格，更是令人发指。这些文学作品中都充满了鲁迅先生对封建礼教道德和麻木无知的国民劣根性的深刻谴责。众所周知的经典戏剧《雷雨》中更是塑造了几个充满争议的典型人物形象。繁漪是一个极度渴望自由、争取独立、想要摆脱封建礼教束缚的新女性形象，但因为她追求独立和自由的不彻底性，最终还是无法摆脱封建专制的束缚，使心灵扭曲。周朴园是一个典型的资本家的形象。他冷漠无情、阴险狡诈，对于他而言，金钱、名利和地位比其他一切来得更加重要，这一点从他对待侍萍时的无动于衷、冷漠无情可以清楚地看出来，但他却又似乎还保留着一点点人情味，这一点可以从他对周萍的谆谆教诲中，对周冲的耐心教导中体现出来，这也许是他还未彻底泯灭良知的体现吧。周萍是一个内心极其矛盾，具有两面性的人物形象。一方面他忌惮他父亲那充满了冷漠的威严，从来都不敢违背周朴园的命令，在偌大的封建家庭中他总是压抑着自己的感情和情绪；另一方面他又对自由充满了渴望和幻想，他深切地希望自己能够彻底摆脱封建家庭的束缚而离家出走，但最终还是没有勇气，他不敢直接面对问题，总是在躲避，这充分说明了他内心的软弱。周冲和四凤是这部作品中作者塑造的两个最单纯、清澈的人物形象。他们两个人对爱情的憧憬和对美好未来的向往，在那样一个被封建腐朽思想侵蚀的社会中是非常值得读者为之赞叹的。

除了以上提到的这些经典作品，还有很多文学作品都富有批判精神，可以说，大学语文课程向我们展示的是一个真实的、鱼龙混杂的、丰富而复杂的现实世界。在大学语文课程的学习过程中，我们可以充分地认识到现实世界的善、恶、美、丑，形成自己独到的见解，不迷信权威，而是用审视的眼光来看待问题，逐渐形成独立的、批判的思维方式，从而更好地辨别社会生活中的善恶、美丑、真假。

2.培养学生的创新思维能力

生活在如今这样一个知识经济高度发展的时代，进行创造性活动是必不可少的。而要想进行创造性活动，就必须要先有创新意识。可以说，创新意识是创新能力产生的前提和基础。对于国家而言，创新能力的高低标志着这个国家的发展能力。一个国家创新能力的高低在一定程度上影响着这个国家是否能成为世界强国。对于大学生而言，无论是撰写专业论文，还是参加各种全国大学生创新大赛，都需要有较强的创新意识和创新能力。

高等院校是为国家培养具有创造性人才的主要基地，在国家创新体系建设中占有十分重要的地位。大学生是一个特殊的群体，他们正处于一个思想最活跃、对新生事物最为敏感、最富有创新精神的年龄阶段。大学生是祖国培养的栋梁之材，他们的创新意识和创新能力的高低直接或间接地影响着祖国的未来。可以说，祖国的发展在于创新，创新的希望就是当代大学生。因此，要增强我们国家的整体创造力，首要任务就是努力加强对大学生创新意识和创新能力的培养和训练。大学语文课程的教材以经典文学作品为主，而文学作品的特点之一就是天马行空，富有想象力。作者能够在作品中创造出世上根本不存在的事物和意象，从而更加准确、深刻地表现出作者的思想和作品的主题。如我国四大名著之一的《西游记》，就是一部充满想象力的文学巨典，它向人们展示了一个绚丽多彩的神魔世界，人们无不在作者丰富而大胆的艺术想象中惊叹不已。作者把孙悟空想象成拥有七十二般变化、不屈不挠、勇于和一切黑暗势力做斗争的“神猴”，正是反映了人们的愿望和要求，表现出人民战胜一切困难的必胜信念。无论是统领天庭的众神，还是祸害人间的妖魔，抑或不畏强权的孙悟空，这些都是作者为了反映社会现实而想象出来的艺术形象，这些形象的出现留给了我们无限遐想的空间。浪漫派诗人李白更是凭借着丰富的想象力，创作出了无数经典的诗作，其中的许多名句为后人所传唱，他本人也被赋予了“诗仙”的美名，如“飞流直下三千尺，疑是银河落九天”，作者将飞流直下的瀑布，想象成了挂在天边的银河，既生动又贴切，仅仅用简短的十四个字就将庐山瀑布气势磅礴的壮观景象描写得淋漓尽致。

著名哲学家黑格尔认为:艺术想象的活动才是真正意义上的创造。文学作品的创作离不开想象和虚构，而想象力又是培养创新意识和创新精神必不可少的前提和基础。所以，学生在阅读和学习文学作品的过程中，不仅丰富了想象力，而且他们的创新意识和创新能力也在潜移默化中得到了培养和提升。

（三）提升学生的人文素养

“人文”一词最早出现在我国的《易经·贲卦·彖传》中，原文是这样陈述的：“刚柔交错，天文也；文明以止，人文也。观乎天文，以察时变，观乎人文，以化成天下。”这段话的大概意思是说“天生有两种人，分别是男性和女性。相比而言，男性刚强而女性柔弱。两者结合在一起就是刚柔交错，这就是自然的道理；人类由此结合而成为夫妻，又从夫妻组成了家庭，而后是国家，再后就是天下，这是人文的道理。人文与天文之间的关系是相对的，天文指的是天道自然，而人文则是指社会人伦。国家的领导者必须观察大自然的季节变化，以指导日常的生活生产工作；又必须把握现实生活中的人伦秩序，以明君臣、父子、夫妇、兄弟朋友等等级关系，使人们的行为合乎文明礼仪，而由此推及天下，以成‘大化’。”由此可见，人文实际上指的就是人类文化中先进的价值观及社会规范，其主要表现为：对人的尊重、关心和爱护。

培养全面发展的高素质人才是我国高等教育的重要使命。高素质不单单指较高水平的专业知识和专业技能，更是指较高水平的人文素养。因此，高等院校的教育目标并不只是将在校学生培养成一个个专职人才，更重要的是将他们培养成为具有较高素质的和谐人才。而作为高校中最主要、最基础的人文性课程的大学语文，其丰富的人文内涵和文化底蕴对于培养和加强大学生的人文素养有着非常重要的意义。

1.提高学生的道德水平

随着我国社会主义市场经济的确立和发展，高校学生受到了正反两方面的影响。一方面，大学生的独立意识和竞争意识得到了前所未有的提高；另一方面，在物欲横流的市场经济的冲击下，享乐主义、拜金主义、功利主义在一定程度上对大学生的思想和价值观产生了消极影响，导致其出现理想淡化、责任淡化、功利意识增强、道德水平滑坡、精神空虚等不良表现。这种现象的出现为我们高等教育加强学生的品德教育敲响了警钟。

我们伟大的思想家、文学家、教育家孟子曾说：“大学之道，在明明德，在亲民，在止于至善。”这告诉我们大学教育的目的在于弘扬高尚的道德品质，在于使人不断创新，最终达到完美的地步。可见，从遥远的春秋战国时期开始，我们的儒家文化就强调大学德育的重要性。事实上，大学开设的每门课程都承载着德育的使命，大学语文课程在德育方面更是有着得天独厚的条件。大学语文课程的教学形式多样，内容丰富，选取的作品都是我们优秀文学宝库中蕴含着“真善美”的经典之作。《大学》里提到“物格而后知至，知至而后意诚，意诚而后心正，心正而后身修，身修而后家齐，家齐而后国治，国治而后天下平。自天子以至于庶人，壹是皆以修身为本”。这段话主要是说修身要从“格物”入手，由“格物”而“致知”，经过几个发展阶段后最终拥有平天下的能力。上至天子，下至百姓，都应以修身为本。从中我们可以明确地看出作者对于自身道德修养的强调和重视，这是值得我们当代人在提高自身道德修养、建设精神文明时借鉴的。我国唐代小说的典型之作《柳毅传》中的主人公柳毅，他不仅路见不平挺身相助，而且功成不居。特别是与钱塘君的摩擦，更突显出他“威武不能屈”的侠情，让读者不禁被其高尚的品格和道德情操所感染。事实上，无论是先秦的诸子散文，还是后来的明清小说、五四文学，抑或当代的优秀文学作品，都包含着我们中华民族优秀的道德品质和民族精神。只有通过对大学语文课程全面、系统的学习，才能使大学生提高自身的道德修养和精神境界，最终实现道德品质的升华。

2. 提高学生的审美能力

审美教育，又称为美育，是大学生教育中不可或缺的一部分。高校实施审美教育，使学生逐渐形成正确的审美观念，能够更好地辨别真伪、善恶，提升审美能力，将其培养为全面发展的高素质人才。

文学本身就具有审美的特性，古今中外几乎所有的优秀文学作品中都包含着审美因素。无论是诗歌、散文，还是戏剧、小说，都包含优美的语言。优美的语言又塑造出了美的形象，描写出了美的景物，展现出了美的意境，为我们呈现了一个美好的世界。大学语文课程对学生的审美教育，主要是通过文学鉴赏的形式来实现的。所谓文学鉴赏，就是指人们在阅读文学作品的过程中，经过认知、感触、咀嚼、想象和回味的一系列心理活动而产生审美享受的过程。在文学鉴赏的过程中，学生不但能够开阔眼界，更加深入地了解我们生活的世界以及存在于世界的万事万物，而且还能获得美的享受，从而净化心灵、陶冶情操。大学语文教材中选取的描写自然景物的作品就有美育的功能。张岱的《湖心亭看雪》就是一篇极具欣赏价值的雪夜记游的小品文。文章短小精悍，写得神采绰约，隽永清灵，处处洋溢着诗情画意。作者不畏严寒的赏雪雅兴，充分表现出作者对自然美的深情向往，同时也表达了作者孤寂的情怀。读郁达夫的《故都的秋》，让我们感受到北国之秋的浓郁特点。读徐志摩的《再别康桥》，让我们感受到了作品较高的艺术性：形象性强，比喻贴切，音节和谐，语言清新，整首诗读起来抑扬顿挫，富有建筑的韵律美。读沈从文的《边城》，又让我们看到了一个质朴、美丽、富有原生态的具有浓郁地方色彩的“湘西世界”。大自然是生命的家园，自然是审美的崇高境界。文学作品源于自然，又高于自然，演绎了“智者乐水，仁者乐山”的审美情趣，为培养和提升大学生的审美意识和审美能力创造了一个五彩缤纷、美轮美奂的殿堂。

3. 提高学生的心理素质

近几年，社会竞争越来越激烈，对于即将步入社会的大学生群体来说，无论是学习、生活还是工作，各方面都承受着巨大的压力。新闻报道大学生犯罪的案例，让我们不得不清醒地认识到大学生的心理问题越来越突出。

大学语文课程作为大学教育的一部分，在给学生传授知识的同时，也对学生的心理产生着潜移默化的影响。大学语文教材的内容基本上都是由古今中外的经典文学作品组成的，这些作品中蕴含着世界上最伟大的精神和品格，对于正处于人生转型期的大学生有着非常重要的影响。《论语》中的“子曰：己所不欲，勿施于人”。教育我们要学会尊重他人，不能勉强别人做自己不想做的事；孔子曾说过：“不怨天，不尤人，下学而上达，知我者其天乎！”这段话告诉我们身处逆境时要学会自立，而不是怨天尤人。在《我与地坛》中，作者更是通过自身的经历和感悟告诉我们：面对生命中的苦难，我们不仅要顽强地活下去，而且还要活得有价值、有意义。我们熟知的田园派诗人陶渊明在其作品中将田园风光、自然美景表现得淋漓尽致，让读者的心也随着作者生动的笔触而变得清净安宁、悠然自得。由此可见，大学语文课程能够入情入理地对大学生的心理产生积极的影响。

第三节　大学语文课程价值实现的阻碍

虽然，大学语文课程对学生个体和社会的发展有着非常重要的作用。但是，在大学语文课程价值实现的过程中却遇到了一些困境。这些困境有的是基础教育阶段遗留下的问题造成的；有的是大学语文课程发展中的不利环境造成的；还有一部分是大学语文课程本身存在的问题造成的。具体来说，主要有以下几点。

一、语文教育的功利化阻碍着价值的实现

（一）应试教育笼罩着整个基础教育阶段

素质教育在我国推行以来受到了社会各界的广泛关注。不可否认，在近几年的基础教育中，确实涌现出了一批素质教育做的比较好得学校，如四川的眉山师范附属小学、山东的杜郎口中学等。这些学校是素质教育的先行者，并且取得了不错的成效。然而，素质教育的推行并不是一朝一夕的事情，而是需要整个教育体系进行不断的改革和创新，这项工程的完成需要经历一个漫长而艰辛的过程。虽然当前有些学校在素质教育方面确实搞得不错，但是这并不能掩饰这样一个事实：我国的基础教育依然受应试教育体制的影响。

如果对应试教育体制的源头进行探究，那我们可以追溯到古代的科举考试。两者的相通性在于：都是通过考试来选拔人才，都存在着一考定终身的弊端。也许是受到了传统教育思想的影响和束缚，我国教育在经历了上千年的变革和发展后，依然摆脱不了应试教育的“帽子”。传统的应试教育在功利性的驱使下，一味地追求高分数、高升学率，遵循着“一切教育为了升学率”的原则进行僵化教学。在升学考试的压力下，大多数学校和教师根本不敢随意尝试新的教学模式，生怕浪费了时间还起不到实际效果。个别学校迫于上级要求进行素质教育的压力，就搞一些形式化教学，领导视察时是一套教学模式，领导一走就又恢复到了原状。学生在长达十二年的基础教育阶段始终受到这种功利化思想的影响，以至于一直带到了大学阶段的学习中。

因此，大学阶段的语文教育就被学生当作没有实用价值的课程而忽视，甚至抛弃。大学语文课堂上，学生的逃课现象非常严重，有的学生即使是坐在了课堂上，也并没有专心听讲，而是看一些自以为对自己有用的书籍。不过，每到学期末的时候，上课人数就渐渐增多，有时甚至能全部到齐。学生这么积极地来上课的原因只有一个，即“画好考试重点，保证考试不挂科”。学生都不认真对待课堂教学，更何谈对其进行语文教育。那么，大学语文课程的价值也就无从实现。

（二）基础教育阶段语文教育中人文教育的欠缺

基础教育阶段是指从小学到高中的整个教学阶段。在这个长达十二年的学习阶段中，语文始终是学生学习的主课之一。在小学阶段，语文教学主要强调以基础性为主。到了中学阶段，语文教学的主要任务是帮助学生进一步巩固和加强语文基础知识。在此基础上，要全面提高学生的素质，为学生以后的学习和发展打下坚实的基础。

然而，现实中的语文教育却将重点放在了如何提高学生的应试技巧，如何让学生在语文考试中拿高分这些问题上。基础阶段的语文教育，直接忽视了语文学科本身肩负的培养和提高学生人文素质的重任，而将目光仅仅局限于发挥语文的工具性作用上。比如在高中阶段的诗歌讲析中，教师只是简单地给学生讲解诗歌的表现手法有哪些；遇到某种表达手法应该用哪个模板来解释；哪类诗歌适合用哪些词语来表达意境和作者情感等这些答题技巧，或者可以说是答题套路。事实上，语文教材中选取的作品都有着人文内涵和深度，这些隐含的东西需要通过教师的引导来启发学生，从而在不断学习和摸索的过程中，使学生提高思考问题的能力，加强人文关怀，提高人文素质。而令人遗憾的是，现实的语文教育只是看到了语文学习在应试教育中的工具性，而忽视了对学生的人文教育。

既然基础阶段的语文教育就已经忽视了对学生的人文教育，那将这个艰巨的任务一下子落到大学语文课程的身上，着实是不合理的，也是不切实际的。因此，大学语文课程在提升大学生的人文素质方面是心有余而力不足的。

二、大学语文课程发展的不利环境阻碍着价值的实现

（一）课程定位不明

大学语文课程的定位问题几乎贯穿了大学语文课程的整个发展历程。全国大学语文研究会也将其作为历届年会必谈的话题。大学语文作为高校的一门课程，始终都没有取得“法”的保证。

究其原因，大学语文课程的“生存环境”恶劣，它既不像思想政治课那样受到国家政策的“庇护”，也不像大学英语课那样受到各类升级考试的“专宠”。大学语文课程在高校中的地位一直是非常不明确的。学校如果重视这门课，那它就有可能被设定为一门必修课，成为全校学生必须学习的课程。相反，如果学校不重视这门课，那它就是可有可无的课程，可以随时被减少课时或直接被取消。由此可见，大学语文课程的定位问题不解决，它就永远处于一个尴尬的境地，连地位都保不住，更何谈实现其价值。

（二）理论指导不足

关于理论与实践之间的辩证关系的讨论，人们经常只是看到了理论来源于实践，而忘记了理论对实践的指导作用。从实践活动中提炼出的理论知识，并不是简单地对实践经验的高度归纳和总结，而是对实践活动所取得的成果的验证、校对和提升。所以，科学、有效的教学理论不仅能够指导教学实践，

而且能够使教学实践实现长足发展。这个道理在教学活动中体现得更为明显。

大学语文课程的教学实践也同样需要教学理论的科学指导。然而，大学语文课程从“大一国文”到现在虽然已经走过了一百年多个年头，但其理论研究还相对缺乏。近年来虽然大学语文研究取得了一定程度的发展，但是作为学科理论最基本的专著却不多。理论研究的缺失严重制约着大学语文教学实践的发展，导致大学语文课程僵化守旧，停滞不前，成为处境尴尬的边缘学科，同时也严重影响到了大学语文课程价值的实现。

（三）师资力量薄弱

众所周知，在当代教学活动中，教师承担着引导者、组织者、促进者、管理者和研究者等多重角色。因此，教师在教学活动中的表现直接影响着教学效果。

然而，我国大学语文课程却存在着师资方面的问题。齐森华教授指出，我国一些高校在大学语文课的师资配备方面还比较落后，学校没有成立固定的大学语文教师队伍，而是让一些教学课时不够的教师来担任大学语文的教学工作。这种做法不仅会降低教师和学生对大学语文课程的关注度和重视度，而且还会严重影响教学效果。有的高校虽然建立了稳定的大学语文教师团队，但学校在科研经费和对教师的综合考评方面，都未能给予大学语文教师足够的重视和支持。这就导致教师在教学、科研等方面积极性不高，教学效果也就不尽如人意。还有些高校，将大学语文的教学工作交托给刚刚参加工作的青年教师，甚至有的高校还派研究生上课，这些不负责任的做法根本无法保证大学语文课程的教学质量。由于教师身兼数职，根本无法静下心来对大学语文的教学工作进行深入、细致的分析和研究。所以，部分大学语文教师的专业性极为不足，教学水平也差强人意。再加上没有稳定的师资队伍，缺乏学科带头人，大学语文课程的师资问题显得越来越突出。这些问题的存在直接影响着大学语文课程的教学质量和大学语文课程教学目标的实现，最终阻碍了大学语文课程价值的实现。

三、大学语文课程自身存在的问题阻碍着价值的实现

（一）教材良莠不齐

目前，全国发行的大学语文教材有数百种之多。为了对我国发行的大学语文教材有一个全面的了解和掌握，在某网购商城搜索了“大学语文教材”，自 2010 年以来，搜索到近 300 条结果，这些结果着实让人瞠目结舌，大学

语文教材的种类远远地超过了开设大学语文课程的高校的数量。虽然，从表面上看大学语文教材形式多样，可供选择性也较强，但同时也存在着良莠不齐的问题。除了几个比较优秀的版本外，大多数教材与中学语文教材相差无几，有的甚至完全重复。这些教材没有根据大学语文教学的需要进行编排，而是对文学作品简单的罗列，以至于被人们误解为“高四语文教材”。除此之外，大多数教材还存在着重古代轻现当代、重思想性轻审美性、重主流性轻非主流性等问题。这些问题在一定程度上影响了大学语文课程的教学质量和教学成效，同时也阻碍了大学语文课程价值的实现。

（二）教学方法不合理

现存的大学语文课程的教学方法主要有以下三种。第一种是串讲法，教师对文学作品的字、词、句、段，以及写作背景、艺术特点、思想感情等各个方面进行全面细致的讲解，这种方式与中学的教学方式几乎没有差别。教师满堂讲，学生低头记。虽然教师讲解的内容非常丰富，知识面也比较广，但是学生真正能学到的东西却很少。第二种是文学史常识讲解法，教师将教学重点放在文学史常识的讲解上，而忽略了对作品本身的讲解。这种教法可以帮助学生加深对文学史常识的了解，但对作品却是一知半解。第三种是面面俱到讲解法，这种方法不讲求实际，立志于要把大学语文教材中的作品都讲解给学生。然而，由于大学语文课程的课时较少，教师根本没有充足的时间将所有作品讲析给学生。教师为了实现教学目标，就对作品泛泛而谈，蜻蜓点水。对学生来说，这种讲法没有任何实际意义。

以上三种教法都有各自的弊端，而它们共同的缺点在于：过分强调了教师在教学过程中的作用，而忽略了学生的主体性；讲解内容局限于课本知识，缺乏与实际生活的联系；讲解过程枯燥乏味，教学方法缺乏创新。不合理的教学方法影响了教学成效，也阻碍了课程价值的实现。

（三）考核方式不科学

课程考核是教学活动中一个必不可少的环节，考核不仅可以检验教学效果，而且直接影响着教学内容和教学方法的选择，因此，考核要以体现教学目的为宗旨，引导整个教学活动步入正确的轨道。大学语文课程的教学目的是培养学生的阅读、写作、欣赏和表达等方面的能力，提高学生的文化修养和人文素质。因此，考核的内容与方式就应该以考查学生的以上几方面能力为主。

然而，由于受传统教学理念的影响，多年来我国大学中的课程考核仍以

“一张考卷定乾坤”的方式进行，而且多数采用闭卷形式。这种不科学的考核方式，不仅违背了大学语文课程教学的初衷，而且还影响了大学语文课程价值的实现。

第四节　大学语文课程价值实现的路径

对大学语文课程价值的存在形式的研究让我们充分了解到大学语文课程所具有的丰富价值。而大学语文课程价值在实现过程中遇到的困境又让我们意识到了寻找大学语文课程价值实现的路径的必要性和紧迫性。那如何才能使大学语文课程的价值得到真正的实现呢？对于大学语文课程这一价值客体来说，其价值只有在实现中才能成为真正的价值；对于人这一价值主体来说，只有在价值实现后才能满足自身的需要，最终实现主客体的统一。实现大学语文课程的价值是认识和创造其价值的目的。因此，探索大学语文课程价值实现的路径是研究大学语文课程价值的必然趋势。

一、语文教育要从基础教育阶段抓起

（一）培养学生学习语文的兴趣

兴趣是最好的教师。一般来说，学生在感兴趣的事情上都会做得比较好。基础教育阶段是学生学习的重要阶段，学生的兴趣爱好、个性特长都会在这个阶段形成一个稳定的基础。所以，基础教育阶段不能一味地追求学生的学习成绩，而应该注重培养学生的学习兴趣，为学生将来的学习打下良好的基础。语文的学习也是同样的道理。基础教育阶段应注重培养学生学习语文的兴趣。

首先，应该让学生在学习过程中了解语文学习的重要意义。在基础教育阶段，语文的学习不仅仅是为了提高成绩，更重要的是培养学生的综合素质。语文作为学校进行母语教育的重要途径，对于学生的成长和发展有着至关重要的作用。如果一个人连自己的母语都学不好，那将来又如何在社会上生存？其次，学校也应该顺应时代潮流的发展，将先进的教学理念贯彻到语文教学活动中。作为学校，不能故步自封，而要敢于创新，敢于尝试。如四川省的眉山师范附属小学就大胆创新教学模式。为了给学生减负，教师不再像以前那样给学生留很多作业，而是让学生利用充足的时间进行课外阅读，其中一位教师坚持 18 年不给学生留作业，而另一位教师则大胆地取消了期末考试。结果却出人意料，经过三年的努力，学校在小升初考试中取得了非常好的成

果。由此可见，学校教育如果能够大胆地尝试新的教学模式，对于提高学生学习语文的兴趣也大有裨益。最后，作为教学工作的直接参与者和引导者，教师应努力提高自身素质，形成自己独特的教学风格，在实际教学工作中引导学生提高学习语文的兴趣。

如果学生在基础教育阶段就对学习语文有浓厚兴趣，那对将来大学语文课程的学习无疑也打下了基础。这样大学语文课程的价值也就有可能更好地实现。

（二）语文教育要兼顾工具性和人文性

在基础教育阶段，语文课程的教学理念并不仅仅在于培养和提高学生的语文阅读和写作能力，更在于充分发挥语文课程的育人功能。这就要求教师在教学过程中，既要发挥语文的工具性，也要发挥语文的人文性。一方面，语文教师要通过语文教学激发学生学习的热情，培养学生正确地理解和运用语言文字的能力，从而使学生具备学习语文知识的能力，顺利通过考试。同时，教师还应培养学生的识字、阅读、写作和口语交际等能力，这些都是学生在实际生活中需要具备的基本能力。另一方面，语文教师还应通过语文教学，培养学生全面发展的能力。语文课程相比其他课程有着自己独特的优势，它自身包含着丰富的人文内涵和文化底蕴。因此，语文教师在教学过程中应结合教材内容对学生进行深层次的教育，让学生在优秀文学作品的学习中，形成积极乐观的人生态度和高尚的道德情操，从而使学生成为全面发展的和谐人才。

二、大学语文课程的发展环境要进行改善

（一）明确课程定位

要想充分实现大学语文课程的价值，首先就要明确大学语文课程的定位问题。只有定位明确了，才能引起更多人的关注和重视，从而更好地实现其价值。大学语文课程作为高等教育的一部分，对于高校学生和社会的发展有着举足轻重、不可替代的作用。它不仅对学生的全面发展具有直接的推动作用，而且肩负着传承民族文化、弘扬人文精神、促进社会和谐发展的重要使命。因此，明确大学语文课程在高等教育中的定位是至关重要的。

对于大学语文课程的定位，既不能想当然地随意定位，也不能一次性地永久定位，而要切合实际，顺应时代潮流，进行实事求是的、发展的定位。这就告诉我们，大学语文教学不仅是中学语文的继续，还要在中学语文学习

的基础上，进行改革和发展。大学语文教学应避免人文理论趋向功利化，而应将其感性化。大学语文课程的教学内容蕴含着我们中华文化的精髓，文学作品中所体现的思想感情、审美趣味，以及人生价值观都对高校学生产生着潜移默化的影响，它能使学生在欣赏和享受文学世界的同时，成为一个真正意义上的中国人。它是一门强化母语的人文素质教育课，但又不同于历史、哲学、思想政治等课程，它有自己独特的性质和特征。

对各类高校来说，当务之急是将注意力集中到如何开设高质量的大学语文课这一关键问题上。不同类型的学校，人才培养的目标定位肯定是不一样的。作为基础课程的大学语文，也应当根据学校的类型进行适当定位。对于高职院校来说，其培养目标是有高素质的劳动者，相应的，大学语文课程的定位就应该是发展和完善学生的知识结构，增强学生适应能力的公共基础课；对于普通本科院校来说，其目标在于培养高级专门人才，因此，大学语文教学应更侧重于培养学生的文化性和审美性，让学生在学习优秀文学作品的同时，增进文化修养，提高审美趣味，大学语文课程应定位为必修课。大学语文课程定位如果能把学校类型考虑在内，不仅有利于改善目前大学语文的尴尬处境，更有利于提高教学质量。

不同类型的学校，学生的语文基础不同，即使是同一所学校，由于所修专业的不同，学生的语文水平也不尽相同。因此，如果笼统地对所有学生进行同样的大学语文教学，效果将很可能不尽如人意。那如何才能根据学生的实际情况进行有的放矢的教学呢？孔子在 2500 多年前就找到了方法——因材施教。我们可以参照大学英语分班教学的方法，首先对所有学生进行语文测试，按照测试结果将大学语文课分为初、中、高三个层次的班级，不同层次的班级根据学生的实际情况制定相应的教学方案。这样不仅可以提高学生的学习兴趣，而且能够使大学语文教学收到实际成效。

（二）加强理论建设

为了使大学语文教学实践能够更好更快地发展，国家相关部门和各高校都应该大力支持大学语文课程的理论研究工作，充分发挥学术咨询机构和学术团体的指导作用。一方面，教育部中文学科教学指导委员会应该加强对大学语文课程研究的重视和关注。要积极组织和设立关于大学语文课程研究的学术团体或协会，形成专业研究团队，定期开展关于大学语文课程的研讨会，从而逐渐加强大学语文课程的理论建设。另一方面，各高校也应提高对大学语文课程的重视，在学校内部设立专门的大学语文课程研究组。研究组应根据学校自身的实际情况，制定出一套适合自己学校的大学语文教学大纲，从而指导大学语文课程向更好的方向发展。同时，各高校也不能故步自封，关起门来自己搞研究，而应该积极进行校际的交流与合作。通过对别的高校教学经验的学习和研究，改进自己的教学方案，从而使大学语文课程实现更好的发展。

（三）强化师资力量

为了保证大学语文课程的教学质量，建设一支强大、稳定、高质量的师资队伍是非常有必要的。这主要应从以下两方面着手。

一方面，要增强教师队伍的稳定性。

2012 年初，武汉地区大学语文研究会与湖北省大学语文研究会联合全国大学语文教师 QQ 群做了一次全国范围的《大学语文课程现状问卷调查》。此项调查表明：大学语文课程的教师队伍存在不稳定性的主要原因在于大学语文教师在高校中普遍处于弱势地位。无论是薪酬待遇、科研状况，还是发展空间，大学语文教师都无法与大学英语教师、专业课教师相匹敌。29% 的被调查者反映薪酬较专业课任课教师低；25.5% 的被调查者反映薪酬较英语、政治等公共课任课教师低。申报课题、获各种奖项和精品课程的机会也比其他教师少。这样就使大学语文教师无心再留恋于大学语文课程这块“贫瘠之地”，从而导致了教师队伍的不稳定性。为了扭转这一不良趋势，高校应努力提升大学语文教师的地位。不仅要提高大学语文教师的福利待遇，还应设立专门的大学语文研究室，为大学语文教师的教学以及科研工作的进行提供良好的、稳定的平台。

另一方面，提高教师队伍的综合素质。大学语文课程的重要性和独特性决定了它对任课教师的高要求：大学语文内容的广泛性，要求任课教师要博闻强识，不仅要对文学知识了如指掌，还应对哲学、历史学、文化学等知识领域有所了解，这样才能在教学时不仅仅局限于文学知识的讲授，同时还能拓宽学生的视野，提高其学习兴趣；大学语文课程的人文性又要求任课教师必须加强其政治思想修养和道德品质修养。大学语文课程本身是一门培养大学生人文素质的基础课程，任课教师自身的人生观、价值观和道德情操会对学生产生潜移默化的影响。所谓“正人先正己”，只有大学语文教师本身就具有科学的人生观、健康的价值观和高尚的道德情操，才能正确地引导学生向好的方向发展，最终实现大学语文课程的价值。

为了优化大学语文教师队伍，高校可以从两个方面进行改进。第一，聘请专业的、高水平的学者担任大学语文教学工作。北京大学、北京师范大学在这方面做得就很成功。北京大学在恢复大学语文课时，就聘请了钱理群、王瑶等知名学者讲授大学语文课；北京师范大学联合了五位知名教授讲授大学语文课，采取“一教师一专题”的方式，收到了非常好的效果。这主要是因为知名学者在大学语文的研究领域已经有了很高的造诣，丰富的学识、诙谐的语言，以及独特的教学风格和个人魅力足以让学生醉心于大学语文的学习当中。当然，并不是所有的高校都有条件吸纳高水平的人才，面对这样的情况，高校也可以挑选本校中经验丰富且学术水平较高的教师担任大学语文教学工作。第二，鼓励已经从事大学语文教学的教师，把名师作为自己学习的榜样和奋斗的目标。大学语文教师应严于律己，努力掌握深厚坚实的专业知识，提高自身综合素质，争取成为一名优秀的大学语文教师。

三、大学语文课程要进行内部改革

（一）规范课程教材

为了使大学语文课程实现其育人价值，让学生在有限的时间里获得最大的收获，尽可能地提高其人文素养，选择一本优秀的教材无疑是非常重要的。笔者认为大学语文课程教材的选编应注重以下几点。

1. 全面性

中国文学历史悠久，名家名作甚多，将其全部编入大学语文教材自然是不可取的，所以要有选择地进行编入。一般教材都重古代轻现当代，阻碍了学生对各个时代精神的了解和认识，忽视了现当代文学精神对学生的教育作用。因此，教材的编写应顾全大局，选取各个时代具有代表性的优秀作品，使学生对我国文学史有一个全面的认识。选文以本国作品为主是没有问题的，但绝不能完全忽略外国优秀作品。好的教材应该做到中外汇通，兼收并蓄。

2. 归类性

大学语文教材的编写不能仅仅按照文学时代先后进行编写，而应在此基础上，根据题材及主旨将文学作品进行分单元归类编写。如徐中玉、齐森华主编的《大学语文（增订本）》中将所有作品分为十类，即“品格·胸怀”“为政·爱国”“社会·民生”“人生·世态”“亲情·人性”“爱情·婚姻”“传记·逸事”“怀古·咏史”“写景·记游”“论文·品艺”。这样编写的好处在于能使教师和学生对教材有一个整体性的把握，从而更加便于教学工作的展开。同时，学生在每个单元的学习中都能获得不同的情感体验，对于阅读和写作能力的提升也大有裨益。

3. 大容量

一本好的大学语文教材应该选编较多的篇目，这样既可拓展学生的知识面，又可给教师的讲授留下较大余地。

4. 启发性

大学语文教材应该适当选择一些充满争议性的文学作品，让学生在学习和讨论的过程中各抒己见，从而克服一贯的思维局限性，从多层次、多角度出发来思考问题。这样，学生在增长知识的同时，也增强了独立思考的能力。

（二）改进教学方法

研究大学语文的教学方法实质上就是研究大学语文“如何教”的问题。教学方法的好坏、优劣直接影响着学生学习兴趣的高低和教学目标的实现与否。然而，目前我国大学语文教学仍以串讲为主，严重影响了大学语文课程的教学效果。因此，改进教学方法势在必行。

1. 采取师生互动的教学方式，注重发挥学生的主体性

大学生已经步入人生的青年期，无论生理还是心理都已成熟，他们的逻辑思维、辩证能力、分析和解决问题的能力都达到了较高水平，并且有想要表达自己想法和见解的需要。因此，对于大学生来说，大学语文教学应采取自主、合作、探究的教学方法，摒弃教师的课堂霸权性，充分体现学生的主体性。例如，围绕着对白居易的《长恨歌》主题思想的解释，学术界一直有争论，主要有以下几种认识：讽喻主题说、爱情悲剧说、双重主题说等。教师在教学时可以先将以上几种观点讲述给学生，然后由学生自行查阅资料，选取自己的论点进行课堂讨论。教师也可以组织学生就以上几种观点进行一场辩论赛。这样不仅可以使学生加深对作品的理解，而且还能激发学生主动学习的积极性，同时也锻炼了学生的辩证思维能力，最终收到良好的教学效果。

2. 课内学习为主，课内课外学习相结合

大学语文要学习的内容很多，但仅凭高校设置的三四十个课时是远远无法真正实现大学语文教学目标的。所以，要想真正实现大学语文的价值，教学活动就不能局限于有限的课堂教学，而应将课内与课外相结合，使丰富多彩的课外活动成为课堂教学活动的延伸。一方面，教师应引导学生走出教材，去探索更加多姿多彩的文学世界，增加文学作品的阅读量，提高文学感受力和鉴赏力；另一方面，参加文学系列讲座、校园文化活动（如演讲比赛、辩论赛、征文赛等），创办文学刊物等都是非常好的大学语文课外活动。通过

参加这些有意义的活动，学生不仅可以丰富自己的知识储备，还能积累活动经验，丰富自己的人生阅历。

3.引进现代教学技术，优化教学手段

现代信息技术的发展，为大学语文教学带来了无限生机和可能。现代教学技术和网络的使用，使大学语文教学内容变得形象、直观，多媒体可将文、图、声、像完美地结合在一起，充分调动学生的视觉、听觉等器官，引发想象和联想，从而营造出一个立体化的教学环境，这种教学环境能产生强烈的感染力，突破教学时空的限制，使学生置身于情景交融的课堂氛围中，有助于激发学生学习的积极性、主动性，提高其想象力和创造力，进而加深对作品的理解。

（三）更新考核方式

大学语文课程到底应该考什么、怎么考？要想弄清楚这个问题，我们首先一定要明白：语文学科它有着自身的独特性。它的内容呈现出形象性和情感性的特点，它的一些思想和观点并不是标准化和固定的，而是仁者见仁智者见智。因此，单凭一张标准化的试题卷就想达到考查学生学习效果的目的，这是不合理也是不科学的。由此可见，大学语文课程的考核，还是应该以考查学生能力为主，考查学生的知识掌握为辅，建立灵活多样的考核制度。第一，将学生的平时表现和作业成绩计入最后的总成绩中，这样既有利于调动学生平时的学习积极性，也增强了考核制度的公平性、公正性。第二，闭卷考试和开卷考试相结合。为了考查学生对一些基本研究学常识的掌握情况而采取闭卷考试还是有必要的，但应以开卷考试为主。例如，在考查学生的阅读能力时，我们可以给出一篇（几篇）作品或其中的片段，要求学生解释关键词汇、句子的含义，简要叙述作者观点；在考查学生理解能力时，就可以要求学生分析所给内容要表达的意思，其中蕴含的情感，以及所要反映的文化内涵；在考查学生表达能力时，可以要求学生就某一文学作品或社会现象为题，阐述自己的观点，形成一篇有理有据的议论文。

第六章　大学语文课程中的人文素质教育

第一节　大学语文课程实施人文素质教育的必要性与可行性

一、大学语文课程实施人文素质教育的必要性

在我国目前的教育体制下，应试教育的压力使得学生在长达十几年的时间里都在围绕着“升学指挥棒”旋转，因此其个性和创造力均被严重束缚。而且，学校、家长和学生各方均普遍对思想文化素质教育、审美教育和情感教育不够重视，这就导致了许多大学生在跨入高校之前人文素养便已“先天不足”。加之大学阶段存在的专业划分过细，专业口径过窄，就业压力巨大等多方面原因，使得学生难以受到良好的人文素质教育。关于这一点，前华中理工大学校长杨叔子院士在“第二次全国高等学校大学生文化素质教育试点院校工作会议”上的报告中曾指出：“过弱的文化陶冶，使学生的人文素质不高；过窄的专业教学，使学生的学术视野与学术基础不宽；过重的功利主义导向，使学生的全面素质培养与扎实的基础训练不够；过强的共性制约，使学生的个性发展不足。”因此，大学生人文素养的缺失已是不争的事实，也是众多院校面对的共同问题。具体来说，大学生人文素养的缺失主要表现在以下方面。

（一）人文基础常识缺乏

许多学生严重缺乏文、史、哲和艺术方面的知识，甚至连最基础的文史常识、最基本的艺术审美能力都不具备。学生普遍认为人文知识对自己将来发展没有实际意义，因而不重视人文知识的学习。尤其是理工科专业的学生更认为人文的东西应该是圣贤之人的谈资，与自己无关，更与就业无关，专业课、英语和计算机的学习成绩才是关系自己前途的“硬指标”。在很多学生看来，看一篇名著，品一则哲学论断还不如记忆一个英语单词实惠。

（二）民族文化流失

调查结果显示，部分大学生对中华民族数千年来的悠久历史和灿烂文化了解甚少，缺乏民族自尊心和自豪感。许多学生没有读过四大古典名著，不知道唐宋八大家，甚至连中国古代四大发明都难以数全。但对于西方文化和生活，他们却趋之若鹜。现在的在校大学生，他们的文化心理的形成是中西文化共同作用的结果，西方文化的渗透对他们产生了较大的影响。相当比例的学生追逐西方生活、西方文化，热衷于过外国的圣诞节、情人节等，而对我们自己的传统节日却没有什么兴趣。因此，西方文化的渗透已严重弱化了大学生的民族文化自信，造成了民族文化的流失。

（三）理想信念淡化

近年来，受功利主义、拜金主义思想的影响，许多大学生丧失了崇高的理想和坚定的信念，对国家、民族和社会缺乏基本的责任感和奉献精神，甚至出现了精神失落、道德滑坡等情况。在专业选择、课程学习和择业目标上也不再以国家需要和个人理想作为指针和动力，不再有强烈的进取心和执着的信念，而是将混张文凭谋生、获取丰厚的收入或争取出国机会等作为人生追求的主要目标。一部分人更是把经济尺度作为引导个人行为的唯一坐标，唯利是从。部分大学毕业生把“到基层去，到边疆去，到祖国最需要的地方去”，变味为“到国外去，到外企去，到挣钱最多的地方去”，等等。

（四）道德观念淡薄

传统的善恶观、美丑观以及道德标准，在许多大学生身上已明显失位。校园中，有为数众多的学生行为不文明，生活品位低下；语言粗鲁，举止粗俗，缺乏基本的礼仪修养；对人生意义认识肤浅，对事物的善恶、美丑缺乏分辨力。有些高年级学生，以欺骗的手段将假冒伪劣产品卖给刚入学的新生，不以为耻，反以为荣；有的在公交车上从不给老人、孕妇让座，把见义勇为、助人为乐的人看成傻瓜；还有的在课桌上、墙壁上乱刻乱画，写一些低级庸俗的所谓“课桌文学”“厕所文学”等。

（五）个人主义严重

一些学生集体观念淡薄，价值取向个人至上。在大学校园里，这样的场景屡见不鲜：图书馆的报刊书籍或被撕得残缺不堪，或干脆“尸首全无”；自习室的座位被一件件物品长期“霸占”，宁可空着也不许别人去坐；对待公益活动敷衍了事或拒绝参加，而对评奖评优等有利之事却争先恐后，绝不相让……一切以自我为中心考虑利益得失，讲索取多，讲奉献少，忽视个人在社会中应当承担的责任和义务。

（六）心理素质差

心理问题已成为制约大学生健康成长的主要因素。学生心理素质差的表现主要有：意志薄弱，缺乏对挫折的承受力；情绪容易波动，极易出现高度的热情、激动和亢奋，或是极端的发泄、消沉和绝望，缺乏心理上的自我疏导与调节能力。全国抽样调查显示，高校学生中存在心理问题和心理障碍的占 38.57%，已形成心理疾患需专门治疗的达 12.15%。

（七）精神空虚、迷茫

近些年来，大学毕业生人数越来越多，就业形势严峻，部分大学毕业生难以找到合适的工作。于是，“读书无用论”再次抬头，一些学生产生了上大学同样前途渺茫的悲观情绪，把自己以前的理想看成水中花、镜中月，觉得那只不过是幻觉中的海市蜃楼而已。因此，学习上消极应付，不认真听课，迟到、旷课，抄别人的作业，考试作弊等情况时有发生。精神萎靡不振，总感到寂寞、空虚、迷茫。于是，有的终日沉迷于网络，打发时光；有的以谈情说爱来填补精神的空虚，消除生活的寂寞。

总之，这些令人痛心的现象的发生不是偶然的，它是我国教育长期以来忽视人文素质教育的必然产物。毋庸讳言，大学生人文素养缺失的问题已非常突出，如不及时加以解决，小而言之，会影响大学生个人成长，大而言之，会决定我国高等教育的成败。因此，加强大学生的人文素质教育已成为现实的迫切需要。而作为一门具有显著人文色彩的课程，大学语文责无旁贷。换言之，在大学语文教学中实施人文素质教育十分必要。

二、大学语文课程实施人文素质教育的可行性

大学语文课适合进行人文素质教育，是由大学语文的课程性质和教学内容决定的。

首先，人文性是大学语文的基本属性。从根本上说，语言文字本身不仅是交际的工具，更是生命的符号，是人类用来传递事、理、情、志的载体，是人文精神的载体。语文活动是“人类最基本的人文活动方式”，人类文化活动和文化成果，就是建立在语言的基础之上的，是由语言提供基本成分和结构的。所以说，语文在各种人文活动中居基础地位，语文最能体现人类精神活动的人文性和人本个性。

其次，大学语文的教学内容为其实施人文素质教育提供了丰富的素材。无论哪一本大学语文教材，都是以文学作品为主体的。而这些作品大多是中国文学史中历久弥新、广受称道的经典名篇，是内容美和形式美的结晶，是作家真情实感和价值取向的流露，是作家人格的体现。也就是说，教材本身有着丰富的人文内涵。通过这些作品，教师可以从以下几个方面培养学生的人文素质。

（一）培养学生的爱国热情

在中华民族几千年的历史长河中，爱国主义思想源远流长，并一线贯穿，是我们民族屹立不倒的精神支柱。爱国主义教育有许多方法与途径，语文教育则是其中最为生动形象的一种。大学语文教材中，选入了众多表现民族气节、热爱祖国和人民、期盼祖国强大和人民生活富裕，具有强烈民族意识的作品。这些作品文辞优美，意境深远，其中深厚的爱国主义内涵，是对大学生进行以爱国主义为核心的民族精神教育的生动素材。从曹植的“捐躯赴国难，视死忽如归”到王昌龄的“黄沙百战穿金甲，不破楼兰终不还”；从岳飞的“壮志饥餐胡虏肉，笑谈渴饮匈奴血”到陆游的“一身报国有万死，双鬓向人无再青”；从文天祥的“人生自古谁无死，留取丹心照汗青”到林则徐的“苟利国家生死以，岂因祸福避趋之”等。这些壮怀激越、千年吟唱不衰的名句隽语，既是作者自我情怀的一种流露，也是一个个感人肺腑、催人泪下的爱国主义故事的呈现。通过大学语文课程的这一优势资源，可以加强学生的民族意识和爱国主义教育，树立学生的民族归属感和自豪感，培养学生对传统文化、民族精神的认同感，增强实现中华民族复兴的使命感，从而激发强烈的爱国报国热情。

（二）培养学生的健全人格

文以载道，美善合一是中国文学的特征。中国文学历来强调有感而发，有所寄托，好的作品能够反映时代风貌，也能够表现作家的思想情感和内心世界。在很大程度上，大学语文教学就是通过这些优秀的文学作品，在个体与社会、历史之间搭建一座理解与沟通的桥梁，使个体进入历史与社会，在对人类的精神结构、生活方式和价值观念的理解与选择中，进行自我的精神构建和人格构建。通过对这些作品的解读，学生与经典沟通，与人类最优秀的思想大师交流，不仅可以增加生命的历史感与纵深感，而且可以在浮躁的现实世界里保持一颗宁静的心，避免“生存逐渐失去人性的危险”。如《孔孟语录》十二则，通过言近旨远的只言片语，体现出孔子的不为富贵而违仁、松柏后凋、身正令行、杀身成仁等思想以及孟子的为民父母、与民同忧乐、得道多助失道寡助、生于忧患死于安乐、推善及人等思想，让学生领悟到孔孟的价值取向。在胡适先生的《不朽——我的宗教》一文中，作者从小我到大我、从个体到社会、国家，深入浅出地把儒家的立志、立言、立功作为人生的不朽价值加以宏论，为学生树立正确的人生价值观以良好的启迪。在阅读屈原的作品时，就会体会到屈原人格中最为闪光的是他“独立不迁”和“上下求索”的精神；在苏轼的诗文中，可以感受作者乐观旷达的人生态度以及独特的文化精神，文化人格；在李白的诗中，则可感悟生命的热情和创造自我、超越世俗约束而达到精神自由的高度；在杜甫的诗和鲁迅的文章中，感受深刻的则是他们直面人生、正直高洁、宁为玉碎、不为瓦全的伟大人格力量。这些真实的、名垂青史的不朽人物，都堪称大学生的学习典范，可以引导大学生去正视自我、塑造自我、超越自我，进而培养健全的人格。

（三）培养学生健康的审美情趣

苏霍姆林斯基说过，没有审美教育就不会有其他任何教育。审美教育的任务就是通过对美的形象、美的情感的欣赏，培养审美能力，使人热爱真善美，厌恶假恶丑，在思想情感上得到全面健康的成长。文学是一个美的世界，文学艺术中美的因素是多层次的：栩栩如生的形象美、耐人寻味的意境美、生动曲折的情节美、真挚细腻的情感美、智慧深刻的理性美、精巧奇妙的文思美、严谨缜密的结构美、参差错落的句式美、优美凝练的语言美、变化传神的修辞美、和谐悦耳的音韵美，等等。一篇好的文学作品往往是作者真情实感的流露，它能够引起读者的共鸣，能够使读者在情感的交流中获得审美的愉悦感。因此，在大学语文的教学中，通过教师的引导，学生可以走近作家，走进作品，感受其中美的形象，美的情感。总之，无论是王维的空灵山水还是沈从文的纯朴人性，无论是李清照的缠绵婉约还是辛弃疾的雄奇豪壮，无论是王实甫《西厢记》中状元及第中的大团圆还是曹禺《雷雨》中的大毁灭，都能拨动学生的心弦，引起他们强烈的情感共鸣，从而达到净化心灵、提升审美情趣、陶冶情操的目的。

（四）培养学生坚韧的品质

当代大学生热情、聪明、向上、有冲劲，这是他们的优点，但意志薄弱、易受挫折、抗击打能力差是其致命的弱点。《大学语文》中不少篇目可以对学生进行有效的耐挫教育。《孟子》中说：“天将降大任于斯人也，必先苦其心志，劳其筋骨，饿其体肤，空乏其身，行拂乱其所为，所以动心忍性，曾益其所不能。人恒过，然后能改。困于心，衡于虑，而后作。”司马迁说“西伯拘，而演《周易》；仲尼厄，而作《春秋》；屈原放逐，乃赋《离骚》；左丘失明，厥有《国语》”（《报任安书》）。他们强调的都是人要经得起苦难和磨炼。《定风波》的作者苏轼一生宦海沉浮，历经磨难，不管达穷都能泰然处之，“一蓑烟雨任平生”。更难能可贵的是他从来没有泯灭积极进取、欲有所为的精神。正是凭借这种精神，他才在“诗、词、文、书”等多个领域做到了“无一不工”；梁启超面对封建统治的黑暗和积贫积弱的国家，四处奔走宣传变法以图强国，屡遇挫折打击依然奋斗不止，《少年中国说》正是他真实的写照；鲁迅一生忧国忧民，备受国民党政府和反动文人的疯狂攻击，却能无所畏惧，依然表现出“横眉冷对千夫指”的凛然气概和“我以我血荐轩辕”的崇高精神。他们一生坎坷，历经磨难却毫不动摇。在竞争日益激烈的今天，大学生必须培养这种坚韧不屈、百折不挠的品质，才能经得起失败和打击，最终获得成功。

第二节　实施人文素质教育存在的问题

如前所述，大学语文是高等学校一门重要的人文素质教育课程。在大学语文教学中实施人文素质教育是时代发展的需要，也是大学语文自身课程建设的必然要求。然而令人遗憾的是，在当前的大学语文教学实践中，不少高等院校的大学语文教学是对中学语文教学的简单延续，变成了“高四语文”，目的只是训练学生的语文技能，为应付检查而安排，没有把语文训练和人文素质教育和谐统一起来，因而大学语文实施人文素质教育的现状难如人意。概而观之，问题主要体现在课程定位、师资队伍以及教学与考核评价方式三个方面。

一、课程定位忽视人文素质教育

科学的定位是优化教学质量的前提。关于大学语文课的科学定位和课程的基本属性，是大学语文研究界长期以来一直探讨的问题。“回顾大学语文教学改革过程，争议一直颇多，也留下了不少教训。概而观之，我们不难发现，始终纠结着的就是课程定位问题。”

关于大学语文在高校的开设目的，学术界主要存在以下三种意见：一是当今大学生“听、说、读、写”的语文基本功不合格，特别是阅读量太少，写作能力（尤其是应用写作能力）差，难以满足社会对人才的要求，也影响学生的自身发展，因此需要通过大学语文来补课；二是大学生的文学审美能力普遍下降，并呈日趋低俗化的倾向，需要通过传统的文学经典教育来加以引导和提升；三是在大学生身上出现了诸如价值观念、人格心理等多方面的问题，这些问题凸显了当代大学生整体人文素质尤其是人文精神缺失的现实，所以需要通过大学语文教学来提升其人文素养。

综观上述三类意见，第一类指向的是语文课程的工具性层面，第二、第三类则是指向语文课程的人文性层面，反映了当前大学语文教学界两种主流的课程定位。这两种主流定位之争，自 1978 年大学语文重进大学课堂以来就从未停止过，一直也未能达成共识。换言之，大学语文的人文性课程定位并没有得到真正的确立。而课程定位的模糊不清，带来的结果便是大学语文教学的这种“校自为政”的无序状态。于是，在为数众多的高等院校，大学语文被简单地当成语言文学知识传授和应用文体写作训练的工具，语文课程的人文色彩在这样的教学中荡然无存。个别学校甚至干脆取消了大学语文课，而以公文写作、应用文写作等实用性较强的课程取而代之。在这样的形势下，大学语文的人文素质教育自然无以实施。

二、师资队伍整体素质不高

教师是人文素质教育的实施者，也是决定人文素质教育成败的关键。因此，建立一支高素质的师资队伍对大学语文教学而言十分重要。但现实的情况却是，大学语文教师队伍整体素质不高，且极不稳定。究其原因，主要在于以下两点。

（一）大学语文课程在高校日渐萎缩的尴尬处境

近些年来，受功利主义思想的影响，大学语文失去了其原有的活力和竞争力。大学校园中，实用主义观念盛行，凡事追求立竿见影的效果，并以此作为衡量、判断事物价值的标准。显然，这一“速效性”是大学语文课程所不具备的，所以大学语文的价值遭到怀疑也就不足为奇。现实的情况是，大学语文既缺乏政治思想课的权威性，也没有英语四、六级考试那样的“尚方宝剑”，压缩、停开课程，首选对象往往就是大学语文。据教育部中文学科教学指导委员会的调查，近年来有 58% 的高校大学语文课时有不同程度的缩减。大学语文在很多高校的日渐萎缩已是不争的事实。21 世纪初，有二分之一以上的专业开设了大学语文课。而近些年来，在思想政治、英语、计算机等公共课程和专业课的双重夹击下，大学语文渐渐从大多数专业的人才培养方案中消失。

（二）大学语文学科地位不明确

由于不是一门独立的学科，没有相应的硕士点、博士点支撑，所以大学语文的学术交流活动非常少，也很少向教师提供进修学习的机会，发表论文的机会也相对较少。大学语文教师很难找到教学与科研的结合点。

基于以上两点原因，大学语文教师在课程建设、科研和教改项目申报等方面难以获得支持，总体上处于边缘化的位置，因而教学积极性受到严重挫伤。很多教师都不愿教授大学语文课，有些教师只是把教授大学语文课作为暂时的落脚点，一有机会便跳槽改教其他专业课程。而在有些学校，由于缺乏大学语文教师，就由新引进的青年教师进行教学，甚至干脆由研究生代课。总之，任课教师整体人数偏少、年轻教师数量较多、职称和学历较低，以及教师队伍不稳定，这就很难保证教学活动稳步开展以及教学质量的提高。换言之，大学语文教师的整体素质偏低，自然会对大学语文的人文素质教育产生消极影响。

三、教学与考核评价方式陈旧单一

大学语文与中学语文的不同主要体现在两个方面。一是课程定位的不同。大学语文重在“文”而不是“语”，也就是更强调审美性和人文性，弱化工具性。因此，大学语文不应在字、词、句和语法等基本的语言文字知识上花费太多时间，而应将大学语文作为阅读与文化的载体，重在让学生感受语言之美、文学之美，并通过对文章多角度的分析，提高学生对事物的认识水平，培养学生的阅读、欣赏、评判以及鉴别的能力，培养书面与口头表达能力。二是教学方法的不同。在中学阶段，因考虑到升学率，教师在教学上往往难以有充分的发挥，方法比较单一。而在大学阶段，解除了升学率的“桎梏”，大学语文的教学应着眼于语文学科的广阔内涵，着眼于让学生充分感受到语文之“美”和语文学习之“乐”，因而在教学方法上也应该更加灵活、新颖，更具吸引力。

然而，在当前的大学语文教学实践中，课堂教学模式老化、教条化倾向十分严重，课堂缺乏吸引力，学生学习的主动性和创造性无法被激活。有调查显示：学生中有 65% 的人认为应该改进教学方法，提高授课质量。概括说来，当前大学语文教学方法上的问题主要体现在三个方面。

（一）教学方法陈旧

课堂气氛压抑沉闷，了无生机。往往是台上教师滔滔不绝，台下学生却“各自为战”：或记英语单词，或忙于其他专业作业，或翻看其他书籍杂志。

从上课到下课，学生几乎没有思考、提问和发表见解的时间。之所以如此，主要有两方面原因：一是教材中篇章数量过多，而课时过少，教学进度压力大；二是在个别教师看来，作为非中文专业的学生，他们的文学素养相对不高，对文学问题难以提出自己的见解，即使提出见解也是幼稚的、肤浅的，因此，把有限的课堂时间交给学生是一种浪费。

（二）不恰当地运用多媒体教学手段，影响教学效果

客观地说，多媒体的运用拓展了教学资源，丰富了教学手段，在一定程度上提高了学生的学习兴趣。但如果运用不当，多媒体教学的效果就难如人意。例如，有些教师仅仅是把板书的内容搬到计算机上演示，就没有发挥计算机的声形俱备、动画演示的功能。再如，有些教师整堂课就坐在电脑控制台前，一味盯着电脑屏幕，移动鼠标，基本上就是完成了一次多媒体课件的演示，而学生则走马观花，应接不暇，教学效果自然不佳。

（三）师生缺乏交流互动，影响教学效果

从根本上讲，课堂教学活动就是一种师生交往的活动，教学中师生平等交往是一个重要的教学规范。但在大学语文的教学实践中，一些教师在课堂上不知不觉就以“权威者”自居，课堂成了“一言堂”，学生仅仅被看作被动的、消极的知识“吸收器”，教师与学生之间的双边交流甚少。甚至有一部分学生反映，从课程开始到结束，从没有和任课教师讲过一句话，更谈不上讨论和答疑。这样的课堂教学，其效果可想而知。

第三节　大学语文教学加强人文素质教育的策略

一、确立大学语文人文素质教育核心课程的重要地位

语文素质是人文素质的核心素质之一。抓住了语文教育，也就抓住了人文素质教育的脉搏。语文教育的价值不仅仅在于能培养学生听、说、读、写的能力，还在于通过文学艺术的熏陶，培养学生正确的审美价值观和良好的审美能力。此外，语文的“文以载道”特质，决定了其还兼具思想品德方面的教育功能，可以潜移默化地对学生进行熏陶和感染，进而引导学生形成正确的世界观、人生观和价值观。文学是人学，文学把人的精神不断地引向光明和崇高，它维护着人类那脆弱的社会良知和道德心，捍卫着人类理性的尊严和纯洁。它引导人学会做人，学会正确处理人与人、人与社会、人与自然

的关系，以及正确处理自身的理性、意志、情感等多方面的问题。因此，大学语文的学习过程既是学生获取语文知识的过程，也是学生不断拓宽视野、培养自身人文素养的过程。不夸张地说，大学语文是一门最好的人文素质教育课程，其突出的人文素质教育功能是一般的政治理论课和人生修养课难以代替的。

同时需要指出的是，母语和文化传统是一个国家和民族的灵魂。语文教育是母语教育，母语教育不同于外语教学，它与民族文化的根本血脉相连，密不可分，除了语言技能的传授，还有着使受教育者成为具有民族文化素养的人，塑造民族文化的心理认同和民族文化的传承者的功用。所以，母语教育是每个国家、每个民族教育的首要任务，也是每个公民的终身义务，联合国教科文组织甚至把传习母语列为人权的一项内容。

因此各高校应该改变旧观念，提高认识，确立大学语文人文素质教育核心课程的重要地位。对大学语文进行重新定位和评估，把它作为各高校的公共必修课。在制订教学计划时，增加大学语文的学时和学分权重。同时，要切实重视大学语文的课程建设，在资金投入、课题申报、师资队伍建设、教材编写和教学条件改善等方面给予一定的倾斜。

二、着力提高教师的人文素养

教师的人文素养是指教师在教学活动中表现出来的，既对教学效果产生影响，又对学生的身心发展具有陶冶教化作用的综合素养。作为一种主要通过非强制性的文化手段去陶冶学生心灵的隐性课程，在语文教学过程中，教师的人文素养极富影响力与渗透力。一个优秀的大学语文教师应该具备以下人文素养。

（一）高尚的人格魅力

根据《中国大百科全书》的定义，人格是“个人相对稳定的比较重要的心理特征的总和，这些心理特征包括个人的能力、气质、性格、爱好和倾向等。它们是在一定生理素质的基础上，通过社会实践形成和巩固的”。教师的人格魅力主要包括：关爱、真诚、善良、信任、尊重、赞赏、宽容、耐性等。教学实践证明，教师人格的力量远胜空洞的理论说教，它在潜移默化中影响着学生的价值观念和行为方式，甚至可能影响到学生的一生。因此，作为以教书育人为己任的教师，首先必须具有健全的人格。特别是从事大学语文教学的教师，上的是文学艺术课，引导的是正义和真理，进行的是人文精神的教育，更应该具有高尚的人格。在大学语文的课堂上，教师应该善于用自己的人格魅力去创设丰富的教学情境，去感染每一个学生。要能够用宽广的胸怀接纳不同类型的学生，用真诚去赢得学生的信任，用爱心去体味学生的快乐和忧伤，用耐心去帮助学生成长，使学生在“润物细无声”中形成健康的人格。当代大学生具有很强的“面师性”，他们往往热情、自负，只有具有高尚人格魅力的教师，才会得到他们的敬仰，进而形成很强的凝聚力。教师在课堂上的谆谆教诲，才会如甘泉般浸入学生的心田。

（二）丰富的情感因素

情感是人际交往中不可或缺的心理因素。教学是师生之间的一种人际交往活动，彼此的情感交流自然必不可少，对于大学语文课堂来说更是如此。情感是语文教学中最具感人力量的因素，没有情感，就没有感动学生的力量。“世事洞明皆学问，人情练达即文章”，“情到深处文自工”。作为大学语文教师，唯有具备了对世情、亲情、友情、爱情的深刻感悟，才能在语文教学中引导学生去阅读、欣赏、写作，抒发内心的真情，培养出富有感情的人。教师在讲授一篇篇饱含情感的文章时，首先应该充满激情，其教学应该做到以情动人。教师有“情”，才会用“情”去感动学生；教师无“情”，就无法感化学生。这里需要特别强调的是，教师的“情”应该是“真情”，而不是“矫情”。唯有真情才能深入人心，才能产生震撼人心的力量。此外，教师的上课情绪也是直接影响课堂教学效果的情感因素。唯有教师的情绪高昂、精神饱满，学生才会深受感染，才会在不知不觉中受到深刻的情感教育。反之，如果教师情绪低落、精神萎靡、目光游离、心不在焉，自然会使学生失去听课兴趣，以至昏昏欲睡，不知教师所云。在这样的状态下，无论多好的文学作品，也难以散发出它应有的魅力。

（三）良好的职业修养

良好的职业修养是教师完成教育工作的前提和保证。一名合格的大学语文教师应具有良好的职业修养和健康的心理品质，能在世界观、人生观和价值观方面给学生以正面的引导和影响。既然选择了教师这一职业，就应该忠于职守、严谨治学、勤于进取、淡泊名利、无私奉献，真正做到“爱岗敬业”“为人师表”。现实生活中，个别教师因各种原因在课堂上满腹牢骚，随欲发泄，完全无视自己的身份和所处的场所，这样的行为显然缺乏教师应有的责任感。还有的教师因为大学语文不是专业课而不予重视，敷衍塞责。在这种情况下，大学语文教学自然难以为继。

（四）深厚的知识储备

知识是教师立足讲台的基础，也是教师这个职业为人称道的根本。作为一个大学语文教师，其知识结构应做到既“专”又“博”。所谓“专”是指对中国语言文学和外国文学具有较为扎实和深厚的功底，“博”是指对人类文化的各个领域、各个层面都要有所涉猎，要尽可能地消除知识盲点。此外，语文教师还应该做到与时俱进，善于不断学习研究，始终站在学科发展的前沿，接受新思想，学习新知识，吸收新成果。只有在拥有丰富的知识储备之后，才能有效地组织和运用这些知识。也唯有这样，教师才能在课堂教学中既能高屋建瓴又能深入浅出，做到旁征博引、游刃有余，从而大大提高学生学习的兴趣。

（五）生动形象的语言艺术

语言教学是语文教学的重要组成部分。一个合格的语文教师不仅是语言美的倡导者，还是语言美的践行者。要做到在准确无误、简洁明了的前提下，形成自己独特鲜明的语言风格：或幽默风趣，或生动形象，或含蓄委婉，或慷慨激昂等。教师要善于运用生动的语言，再现课文中的艺术形象和具体画面，激发学生的思维和想象力，尽力做到把抽象的事物形象化，将深奥的道理浅显化。要善于引导学生去感受和品味中国语言文字的韵味与魅力。

（六）灵动的教学机智

课堂教学是一种极其复杂的劳动，尽管教师认真准备，仍可能出现自己意想不到的情况。因此，苏霍姆林斯基在《给教师的建议中》曾说，教学的技巧并不在于能预见讲课的所有细节，而在于根据当时的具体情况，巧妙地、在学生不知不觉中做出相应的变动。

教学机智是指教师在教学过程中面对复杂的教学情境时，迅速、准确、灵活、恰当地做出判断、处理，以保证教学任务得以顺利完成的能力，是教师教学的基本素质之一，也是教师管理艺术的重要组成部分。比如在处理事前难以预料而又必须特殊对待的问题时，以及对待处于情绪失控的学生时，教师所表现出的能力。尽管教学机智是瞬间的判断和迅速的决定，但教学机智往往是教师在教学过程中面对特殊的教学情况最富灵感的“点睛之笔”。

教学机智在课堂教学中的运用主要体现在对课堂偶发事件的处理上。处理不当，会让自己“方寸大乱”，处理得当，往往能够“化险为夷”。一个优秀的语文教师在面对各种突发情况时，往往能够克服那些妨碍教育的不利因素，善于随机应变、因势利导，不轻易产生急躁、对立情绪，不轻易对学生进行训斥和怒骂，能够迅速创设出一种宽容、理解、接纳、和谐的氛围，使学生从自己的生活经验中去明白道理、吸取教训，继而使课堂教学恢复正常。

三、改进大学语文的教学与考核评价方式

（一）精选教材，按专题组织教学内容

从课程建设来看，教材是连接学生、课程与教师的关键纽带，也是确保教学顺利完成的重要载体。目前，大学语文教材品种繁多，以致难以准确计数。因此，对大学语文教学而言，挑选优秀的教材就显得尤为重要。以下两本教材在编写上人文特色鲜明，适合对学生进行人文素质教育。

一是华东师范大学出版社出版的由徐中玉教授主编的《大学语文》。该教材采取了文本主题词与文选结合构成单元的模式，全书由以民为本、心怀天下、和而不同、品格修养、社会人生、人情世态、乡思亲情、爱情婚姻、人物风神、咏史怀古、写景记游和论学品艺 12 个单元构成。该教材在每个单元的选文上，又涉及文学、历史、哲学、艺术等各个方面，契合大学语文实施人文素质教育的课程定位，有利于学生精神境界和人格的提升。

二是北京大学出版社出版的由夏中义教授主编的《大学新语文》。该教材明确地将大学语文教学置于在人文教育的高度，突破了现有不少大学语文教材偏重知识性、工具性的局限，跳出民族文化、文学以及国粹的框架，以人类普世价值为参照，将时代性和世界性两个重要的元素带入其中，力图改变大学语文教材滞后于时代的被动状态。在编写体例上，也没有按体裁分类，第一次以古今中外为坐标，以趣味、知识、情操的培养为取向，全书共分 16 章，汇集中外名篇 520 段，内容广及青春、自由、仁爱、良知、自省、乡愁、敬畏自然、诗意栖居等 16 个专题。每个专题都从一个特定的视角指向学生比较关心的精神文化问题，都涉及精神文化的层面，有益于指导学生树立正确的世界观、社会观和人生观。用夏中义教授自己的话说，就是要帮助学生“精神成人”。

具体到课堂教学中，由于受课时的限制，教师可以精心挑选二十篇左右的课文，按专题进行讲授。例如，以爱国为主题的，可以选择《诗经•采薇》《关山月》《少年中国说》等；以表达爱情为主题的，可以选择《诗经•蒹葭》《长恨歌》《惊梦》等；以乡思亲情为主题的，可以选择《别赋》《江南的冬景》《乡土情结》等。

（二）实现大学语文教学的审美化

作为一门融人文性、工具性与艺术性于一体的学科，语文与审美教育的关系十分密切。因此，在语文课中进行审美教育，是语文教学的应有之义，也是语文教育人文内涵的重要体现。著名教育学家阎立钦指出：“教育是科学，也是艺术。教育理论若不包括美育的研究，就是不完备的理论。语文学科教育若缺乏美的教育，将是贫乏的教育。”语文学科的审美价值体现在多个方面。首先，汉语言文字本身具有丰富而独特的审美价值。它在发音、构词、修辞、语调和韵律等方面均有其鲜明的审美特征。汉语言诉诸口语流畅悦耳，富于音乐美，行诸书面则显得简洁、整齐，具有形体美。汉字也是世界上现行的最悠久最美丽的表意文字，其独特的方块结构和线条造型极具审美价值。其次，大学语文教材荟萃了诗、词、散文、戏剧、小说等各类文学作品，这些作品大都是文质兼美的经典名篇，为审美教育提供了丰富的素材。其中既包括自然美、社会美、艺术美等几大类型，也涵盖优美、崇高、悲剧、喜剧等美的形态；既有语言、结构等形式美，也有形象、意境等内容美。所以说大学语文基本实现了“集各种美之大成”，是一个相对完整的美的体系。因此，对比其他的美育形式，大学语文在审美教育上的优越性是十分突出的。对教师而言，大学语文审美教育的任务在于充分挖掘蕴含在课文中的美学元素，引导学生去感受美和欣赏美，进而培养健康的审美情趣和良好的审美能力。在教学实践中，要真正实现大学语文的审美教育，应该从以下几个方面入手。

1.将审美理论引入大学语文教学中，以提高大学语文的审美趣味与艺术品位

大学语文中的每个具体作品都是学生的审美对象，它们千姿百态，各具特色，表现出不同的美感特征。学生欣赏不同形态的审美对象时获得的美感体验也是不尽相同的：或优美，或壮美，或崇高等。在具体的教学过程中，教师应该灵活地安排教学内容，打破原教材的编写顺序，根据不同美学形态的特点对作品进行归类讲解，即同样的美在不同作品中的表现和应用。例如，在讲优美形态时，可以将陶渊明的《归园田居》、张若虚的《春江花月夜》、李商隐的《无题》、李煜的《浪淘沙》等放在一起。这些作品尽管作者不同，描绘的景物也不一样，但无论是山村、明月、江水还是东风、春蚕和落花，均体现了平和、宁静、安详等美感特征。当学生欣赏这些具有优美形态的作品时，他们的内心就会产生情感共鸣。在此基础上，教师再适时拓宽审美空间，引导学生走进自然，走入生活，发现和品味自然和社会美。

2. 在课堂教学中，教师要充分体现教学美

一方面，任课教师必须充满激情。著名美学家朱光潜指出："美感教育也是一种情感教育。"刘勰曾说："夫缀文者情动而辞发，观文者披文以入情。"因此，对文学作品的阅读与鉴赏，必须动情入情，沉浸到作品中去。就大学语文的阅读教学而言，则更应强调这一点。对文学作品的阅读方式大致可分专业和非专业两种。专业的文学阅读在分析文学作品时更多的是从作品在文学史上的定位出发的，从时代背景、历史流变与发展等方面入手，通过纵向和横向的对比，考察它对前代文学的继承和发展，对后代文学的影响和意义，因而强调理性思维。而非专业的文学阅读在分析作品时，往往着眼于文本，强调个人在阅读时的审美情趣，即从阅读主体的内心感受出发去品味作品。大学语文的教学对象是非中文专业的学生，因此大学语文的阅读也就是非专业阅读，侧重于探求作者与读者心灵之间的契合点。这就要求任课教师教学时必须充满激情，能够"融入作品"并"进入角色"，善于引导学生调动自己的审美经验来填补文学作品所留下的"空白状态"，进而让学生获得心灵的感悟。在大学语文的课堂上，教师表情的喜怒哀乐、语言的抑扬顿挫、动作的起承转合等都能成为激情的燃点，都是调动学生的主观能动性，激发学生审美潜能的强有力手段。另一方面，教师要充分发挥语言的魅力。苏联教育家苏霍姆林斯基曾指出："教师的语言修养在极大程度上决定着学生在课堂上脑力劳动的效率。"在教学过程中，一个优秀的大学语文教师往往能够根据课文内容，引譬设喻，恰当运用排比、对偶、设问等多种修辞手法，进行深入浅出、绘声绘色的描述，将完整的人物形象、优美的意境再现出来，使学生如临其境、如见其人、如闻其声，产生审美的愉悦感。在大学语文的课堂上，教师既是演讲者，能够用语言的魅力唤起听众的激情；又是主持人，善于调动气氛，激发学生的参与积极性和审美热情。

3. 美化大学语文课堂的教学场景，营造良好的审美氛围

课堂教学场景是由教学活动的主体（教师与学生）与环境（教室与教学设施）构成的，它对学生的学习活动产生直接的影响，就大学语文课而言则更加明显。在科学技术高度发达的今天，教师要善于运用现代化的教育技术手段，为教学创设一个良好的审美场景，使之与教学内容和谐统一。例如，在讲授中国古典诗词时，教师可以在教室四壁悬挂古画古诗，配以播放《春江花月夜》《梁祝》《高山流水》《二泉映月》等古典名曲；在赏析文学作品时，教师可以利用多媒体设备播放相关的电影电视画面和精美的图片，创设图、文、声并茂的画面情境。这样就能把原本抽象的文字与具体可感的形

象联系起来，不仅能提高学生学习大学语文的兴趣，而且有助于激发学生的审美想象力，进而提升他们的审美能力。

（三）创设开放式课堂教学

开放式教学，源于科恩 1969 年创建的人本主义教学理论模型，以及斯皮罗 1992 年创建的建构主义教学模式。前者侧重于以题目为中心，设置课堂讨论，营造开放性课堂氛围；后者着眼于“情景性教学”“随即通达教学”等方面，从认知思维的角度加深与丰富学生对于知识的理解。这些教学理论模型，都强调学习者在学习过程中自主地建构知识的重要性，而教师则主要起引导与促进作用。开放式教学，是指通过营造有利于学生自主思维的学习环境，给予学生充分发展的空间，从而促使学生能够积极主动地探索知识，收获认知体验。这是一场不同于传统教学方式的重大转变，将学生从被动接受变为主动思考，教师则由灌输知识变为思维引导，并且时刻关注学生的心态变化和认知体验，促使学生全面发展，以达到师生共享生命历程、共创人生体验的目标。实施开放式教学模式，可从以下两个方面着手。

1. 开放教学过程，以课堂讨论为中心，营造积极思考、自主探索的课堂氛围

苏联思想家巴赫金指出：“思想的本质是对话，没有对话，就没有真正的思想。”现代著名教育心理学家布鲁纳认为：“我们教一门科目，并不是希望学生成为该科目的一个小型图书馆，而是要他们参与获得知识的过程。学习是一种过程，而不是结果。”教学并不是一个从问题走向结论的简单过程，教学的目的不在于单单教会解答、得出结论，而在于让学生在分析和解决问题的过程中，锻炼其思维能力。因此，在开放式的教学模式中，一味灌输和照本宣科的教学方式应当被摒弃。在课堂讨论的过程中，培养学生收集信息、探究和解决问题的能力才是教学的重心所在。特别是对于大学语文的教学，课堂讨论则更加不可或缺，这不仅契合当下大学生自身的特点，也符合大学语文“人文性”的课程定位。当代大学生喜欢发表自己的意见和看法，课堂讨论不仅可以满足他们的这一要求，更能够激发他们独立思考的兴趣，并且在相互聆听和学习的过程中拓宽视野、加深理解、共同进步。比如在学习韩愈的《张中丞传后叙》时，让学生讨论这样一个问题：你们怎么看待张巡和许远为守城而杀百姓给士兵充饥的行为？讨论的结果是观点迥异：有的学生赞成张巡和许远的做法，为了保全“大家”，必须舍弃“小家”；有的反对他们这种做法，说这是一种不人道的盲目的爱国行为，因为真正的爱国应该

是爱百姓、爱人民。通过这样的课堂讨论，学生在敬慕爱国英雄的同时，对战争的残酷性也有了深入的思考，对古人的“爱国”和“忠君”思想有了更加深刻的理解。又如学习白居易的《长恨歌》时，设置这样一个问题：你如何看待唐玄宗与杨贵妃的爱情悲剧？学生同样看法各异：有的认为李、杨之间根本没有爱情，纯粹是一种利用关系；有的则慨叹于他们“在天愿做比翼鸟，在地愿为连理枝”的忠贞爱情；还有的则对李隆基“春宵苦短日高起，从此君王不早朝”的“因爱误国”的行为表示强烈愤慨，并且纷纷表达了自己的爱情观。通过这样的讨论，可以激发学生更多思想的火花，进而深化思想，升华人生境界。

2.开放教学空间，实现教学资源教学方式的多元化

应该打破过去那种囿于学校和教室的狭隘教育空间概念，将课堂延伸到课外，充分利用图书馆、网络、社会等资源。尤其语文的学习，不仅仅在于知识的获取，更在于生活的体验和心灵的感悟。现代美国教育家科勒斯涅克指出“语文学习的外延与生活的外延相等”，所以绝不能让语文的学习仅限于课本之中、课堂之内，而应引导学生感受生活、关注现实、放眼社会，以提升自身的人文素养。譬如我们应该鼓励学生走进自然，深入生活，切身感受世界的真善美，体味生活的酸甜苦；我们还要引导学生有效利用图书馆、资料室等场所，让他们在这里通过阅读陶情养性、净化心灵；同时，我们还应该鼓励学生进行课外创作，因为这样做不仅可以提高学生的写作能力，还可以使课堂知识学以致用，丰富学生的业余生活和精神世界，加深对人文精神的理解。此外，课堂还可以充分利用现代化的教学资源，实现教学方式的多元化。其一，充分利用多媒体教学，设计新颖美观的课件，增加学生的审美愉悦感。其二，通过播放与教学内容相关的影视作品，让学生更直观、更感性地理解教学内容，也可以提高学生的学习兴趣，变被动学习为自主学习。比如讲授沈从文的作品《翠翠》，可以播放电影《边城》，让学生更直观地了解沈从文笔下那个神秘湘西的风土人情。学习徐志摩的《再别康桥》，建议学生观看电视连续剧《人间四月天》，让学生走近徐志摩，了解他的生活。这样，既丰富了课堂教学形式，也有助于学生去理解作品，感悟人生。其三，可开展一些相关的课堂活动，如课本剧表演、诗歌朗诵、主题演讲等，使学生在自我投入的过程中，获得更为丰富的情感体验，收获更为深刻的体会与感悟。

（四）构建大学语文网络教学平台

网络教学指的是在网络环境下，充分发挥网络的各种教育功能及其在教育资源上的优势，为学习者创造网络教学情境，传递数字化内容，开展以学习者为中心的非面授教学活动。网络教学平台是课堂教学的重要辅助性工具，对丰富学生信息量，调动学生的学习积极性，拓宽师生的交流渠道都起着十分重要的作用。

与传统的教育资源相比，网络教学的优点主要体现在以下几个方面：载体多媒体化，内容丰富化，形式多样化，时效性强等。它更能培养学生良好的信息获取、加工、分析和利用的能力，促使学生将信息技术作为支持终身学习和合作学习的手段，为适应信息社会的工作、学习和生活打下必要的基础。

网络教学平台的建立可以极大地拓展大学语文教学的空间，丰富其教学手段，还可以有效地激发学生的学习兴趣。首先，网络资源的共享为大学语文教学提供了丰富的资源。课本与课堂的教学内容都是有限的，而网络平台给教师教学和学生学习都带来了方便、快捷和高效的服务。学生的学习范围不再局限于一本教材，只要鼠标轻轻一点，古今中外，上下五千年，各种名著名篇，佳句隽语，以及教师的电子课件等课程资源都可尽收眼底。其次，网络环境下的大学语文教学还可突破时间和空间的限制，教学不再局限于课堂上的几十分钟。学生可随时随地打开“大学语文”教学网站，根据自己的实际情况自由安排学习时间和内容，具有很强的灵活性。而且师生无须见面，就可以在网络上开展讲座、答疑和BBS的讨论，进行互动式的新型语文教学。最后，在网络环境下，学生是学习的主体，在网络的模拟现实里，可以产生身临其境的真实感，从中获得更多的学习乐趣。

南开大学在大学语文网络教学平台建设上的经验值得推广。他们已建成的“大学语文”网络教学资源包括“教学服务网”“4A网络教学平台”“教学论坛”及“大学语文在线”等网站，实现了资源搜索、远程教学、题库测试、课件共建、论坛交流、师生交流等系列环节在网络环境中的多元搭配互补。依托网络，逐步建立了以课堂教学为基础，以课下在线学习为重要辅助，师生互动交流研讨为中心的新的教学模式，即“网络条件下的交互学习”新模式。

总之，大学语文网络教学资源丰富，是学生课堂学习的有益补充，可以调动学生学习的积极性。但需要指出的是，网络化的大学语文教学并不是万能的。现代教育理论认为，教育活动应由师生双方共时性的立体交互进行。唯有以课堂教学为主渠道，通过教师人格魅力的影响才能培养出德才兼备的高素质人才。美国教育学家毛尔科维奇说：“先进工业国如美国、德国所犯下的最大错误就是以为电脑可以替代教师。”之后他们才明白，人才是最好的教育工具。因此，在实现教学网络化的同时，我们绝不能放弃传统的优良教学方法，唯有将二者有机地结合起来，大学语文课程才能焕发出崭新的生机与活力。

（五）创建人文化的大学语文考核模式

评价体系在教学活动中的地位不亚于教学过程本身，而且发挥着风向标的作用，直接影响着教学活动的方向和教学目标的能否实现，它是教学系统中最具调控功能的关键枢纽。大学语文课程评价的目的不仅考查学生是否实现课程目标，还检验和测评学生的人文素养状况，从而促进大学生的全面发展。在传统的语文教学考核模式中，往往是一张试卷、一次考试就决定了学生的学习成绩，而且所考内容以“字、词、句、段”等语言层面的知识为主。这显然不符合当今素质教育的要求，也不利于创新型人才的培养。因此，我们必须摒弃原有的单向度的、知识性的大学语文考核模式，建立新的全方位检测学生综合素质和创新能力，开放性和灵活性相结合的大学语文考核模式。新的大学语文考核模式应把握以下几个原则。

1. 在检测“听、说、读、写”等语文基本能力的基础上，强化对学生人文素养和创新能力的考核

在设计考核方式和考核内容时，应体现语文课程“人文性”的特点。首先，题型设计应给学生较强的选做空间，减少填空、选择等客观知识型题目，增加分析、论述、作文等主观型题目，客观题与主观题的比例以 3 ∶ 7 或 2 ∶ 8 为宜。其次，内容安排上，应尽量压缩死记硬背的内容，增加能反映学生人文素养和创新能力的内容，主要检测学生对文学作品的阅读分析能力、对文本中蕴含的人文精神的解读能力，以及学生对社会的认知能力和自我的反思精神。

2. 考核过程全程化，考核方式灵活化

应该明确“学在平时，考在平时”的观念，将过程与结果放在同等重要的地位。把对学生能力和素质的检测贯彻在整个教学过程之中，淡化期末意识。美文识记、经典诵读、课外创作、论文写作、社会调查、课堂讨论、演讲比赛、辩论赛等都可作为考核方式。

3. 淡化标准意识，鼓励创新精神

长期的应试教育使得人们对考试产生了很强的标准意识，甚至逢考试必提标准答案，这很容易导致语文教学中教师和学生思想的锋芒和学生创造的灵性日渐衰微。因为对比一般的课程教学，语文教学有其特殊性：除语言文学知识的传授外，它更是一种精神、灵性的熏染，是一种更内在、更深刻的教育，具有鲜明的心灵化、个性化的特点。因此，在大学语文的考核过程中，教师应该要有兼容并包的学术思想和胸怀，淡化标准意识，用开放的观念去评价学生与所谓标准答案不同甚至迥异的观点，这是培养创新型人才的时代要求。

第七章　大学生汉语能力培养和大学语文教学现状调查及原因分析

第一节　学生汉语能力培养存在的问题

近年来，高校在课程设置和学时安排上大多存在一个误区，即缺乏对大学语文课程的重视。纵使教育部和社会大力呼吁重视，但成效一般。那么，为什么实用性非常强的大学语文课程会被边缘化？

一、大学语文课程对汉语综合能力提高帮助不大

（一）对大学语文课程重要程度的调查

大学语文课程学习对学生自身职业生涯的重要程度：45%的人认为很重要；43.3%的人认为一般重要；11.7%的人认为不太重要。具体如表 7-1 所示。

表 7-1　大学语文课程重要程度调查统计表

你认为大学语文课程学习对自身职业生涯重要吗？		
很重要	一般重要	不太重要
45%	43.3%	11.7%

大学语文课程是除中文、文秘专业以外的公共课，它是为培养大学生的人文精神和综合文化素质、进一步提高语文阅读、欣赏、理解与表达能力而设置的一门文化基础课。它以提高学生对文学作品的分析鉴赏能力、对语言的听说读写能力为目的，培养学生的观察力、记忆力、思考力、想象力、创造力，培养他们的综合素质和人文素养，培养学生的爱国主义精神，培养他们的职业道德和正确的审美观，使之具有人格的力量。它对于学生学好其他学科、掌握专业知识、强化道德素养、增强人文精神、拓宽知识视野、升华思想内涵、开启想象能力、训练思维能力具有十分重要的作用。同时，“帮助在

文化多元化和多样性的环境中理解、体现、保护、增强、促进和传播民族文化和地区文化以及国际文化和历史文化”。它是“一门为了给大学生‘精神成人’提供坚实价值根基”的基础课程，是我国大学生文化素质教育体系中的重要组成部分，有其独特的文化属性与应用性，其重要性是不言而喻的。

大学语文虽然被定为基础性的公共课，但长期以来一直处于边缘位置。和同为公共基础课的大学英语相比，境况更是不容乐观。近些年来，大学英语可以说是“芝麻开花节节高”，被提到了至高的地位；而大学语文的地位则是每况愈下，学校不重视，学生不爱学。这种尴尬的现实是我们不能回避的问题，也是关系到这门课程的走向和发展的大问题。造成这种情况的原因是多方面的。

1. 教学上不够重视

有的学校认为大学语文只是为理科生补补课，个别学校干脆取消了。正像北京大学温儒敏教授所说的：由于它不是一个独立学科，如果一个教员老是教大学语文，在科研上也是没有位置的。所以，许多学校只好指派刚刚参加工作的年轻教员去教大学语文，而这些教师也是将大学语文作为过渡。这样的大学语文教学效果很值得怀疑。

2. 教材混乱

据统计，从1980年至今，全国已有数百种大学语文教材，目前仍有数十种正在被高校使用。虽然全国各出版社争先恐后地出版了很多大学语文教材，但真正适合大学生使用的教材并不不多。纵观大学语文教材现状，大致有以下几情况。

①体例上的弊端，有以下几种情况。

中国古代文学作品的翻版，选一些古文、诗歌、散文、小说、戏剧，一拼，一本大学语文教材就完成了。传统教材在编写体例上多年来遵循文学史或文体模式，以文学为主要内容，或按文学体裁组成教学单元，或按文学发展史线索组织教学，选文局限在民族文化、文学以及国粹的框架内，侧重文言文阅读，过于偏重知识性、工具性。教学内容偏于保守，无法适应当前时代的发展，也无法适应当前教育改革的需要。以前这种大学语文教学曾起到很大作用，但是社会发展了，时代也在变迁，大学语文的教学也不可能一成不变。

②“高四语文”——中学语文的延续，体例上和中学语文没有差别，包括叙事、写景、议论、抒情等。而且过多地重复中学语文的篇目，无新颖感

可言，导致学生也提不起兴趣；有的是杂烩，东拼西凑的“折箩”。尽管改头换面，但是换汤不换药。这也是大学语文教材混乱的一个重要原因。

（二）对汉语能力重要程度的调查

大学犹如一个工厂，学生就如此中出产的“产品”，教师无疑是产品生产的催化剂甚至是质检员、技术员，这些“产品”最后进入社会之后，必须还要经过社会熔炉的检验，在得到反馈之后，教师才能更有针对性地调整自己的教学方法，以使学生能够受益良多，得到用人单位的认可。

作为高校的基础课教师，执教语文类的课程，经常会有这样一些问题——在“工学结合”思想指导下的高校将语文课程处于何种地位？语文课程如何服务于专业课程？这些问题如果不能解决，将极大地影响语文课程在高校课程构建体系中的地位，并且让任教教师地位尴尬，在学校的教师队伍中显得可有可无。另外，学生在走入社会之后会发现，学校里能够学习到的语言应用知识较有限，尤其是走上文职工作岗位的学生，更是觉得自己在语言文字处理方面的能力欠缺，造成这种教师与学生双重困境的，正是我们国家在高校课程体系构建的过程中过于偏重职业技能体系课程的建设而忽略了基础课程建设的缘故，要解决这个问题，高校需要从各方面做出调整。

如今，高校学生语言应用能力普遍存在的问题包括如下几个方面。第一，写作能力差——应用文体写作知识欠缺。学生中普遍存在对应用文体的基本写作方法不甚了解的状况，不要说动手写作，就是什么情况下该用什么样的文体来进行写作，学生也不能区分。第二，动口能力差——交际用语、礼貌用语等相关知识欠缺。学生在学校的学习生活中使用交际语言的机会其实并不多，演讲比赛和辩论赛也未能提供更多帮助，反而是在参加各类语言比赛的过程中沾染了不少使用大话、空话、套话的习惯，或者习惯于直接在网上下载文稿，不加修改或者稍加修改就用于日常比赛，这样的语言使用方法不仅不能使学生的语言应用能力得到提高，反而让他们养成了依赖的习惯，走上工作岗位之后，没有网络就写不成稿子，甚至连求职应聘时的自我介绍也不能自主完成。第三，语言分析能力欠缺。现代社会对大学生的语言能力应用并不单纯只是读和写这般简单容易，对文字的分析、剪辑、汇总、合成能力的要求也很高，如在公务员申论考试中，如何正确地在大段文字中提取中心思想，形成自己的观点，最后成文，这些能力是大学生十分欠缺的。不要说公务员考试，就是日常的文字工作，比如文件草拟、合同撰写等，可能都未必能轻松应对。

现行的大学语文课本，大体可以分为文学史和写作类两种基本模式，这两种属于比较传统的模式，前者侧重于文学常识的学习，主要是介绍一些文学史上的代表流派、人物和代表作品，在此基础上摘选相关流派和人物的作品选集，供学生课后阅读，应该说，这种形式的教学实际是在中学语文课程的基础上进一步对学生普及文化常识，这对于学生在语言应用方面的能力培养似乎作用不大,学生的学习兴趣也不甚高。而后者这种模式则完全是为了将学生训练成合格的文职工作者，按照文体分门别类地将各种文体一一罗列，课后辅助练习，学生能初步掌握一些基本文体的写作方法，但是也仅仅会写一些公文，对于提高学生的审美情趣和学习兴趣，帮助不大。由此说来，从教师的角度来看，得不到相应的学校的政策支持，是无法开展此类课程的教学工作的，更遑论能从这些课程中帮助学生提高语言应用的能力了。如何打破这一僵局？势必要另辟蹊径，找出适合于高校的语文教学模式，构建相对应的课程体系，使语文不再是从属于专业建设和素质教育的附属品，而是成为独立的个体，最关键的是，学生能够选择更多的更加灵活的课程来提高自己的语言应用能力。

2001 年，原劳动和社会保障部职业技能鉴定中心参照国际先进经验，结合我国实际情况，提出劳动者必须具备 8 种核心技能。排第一位的核心技能就是“交流表达能力”。由此可见，无论是作为一个普通的劳动者还是管理者，与人交流的能力是相当重要的，基于此，原劳动和社会保障部于 2004 年推出了“国家职业汉语能力测试”。该测试面向所有从业人员和求职者。着重考查应试者在职业活动中实际应用汉语的能力，即人们在职业活动中运用汉语进行交际和沟通的能力，运用汉语获得和传递信息的能力。这个测试的推出改变了以往我们国家只有外语能力测试的局面，为广大的大学生以及所有需要从事这方面工作的人们提供了一个很好的平台，同时，这个测试也反映了我们国家对母语使用的重视，语言是通向一个民族的钥匙，所幸我们可以紧握这把钥匙，无须假手他人。因此，职业汉语能力测试是当下大学生可以选择的一种锻炼自己语言应用能力的途径，这也对大学语文教师提出了全新的要求，如何调整现有的课程体系，全面展开与这一测试系统相适应的教学方法，使学生在不多的课时学习过程中掌握过硬的语言应用能力，从而通过考试，获得资格证书，这是摆在我们面前的新难题。

鉴于以上现实问题，我们必须构建新的大学语文课程体系。改变传统的公共课理念，将大学语文课程的专业性和公共性相结合，对原有的传统课程设置模式做出相应的调整。第一，保留原有课程设置中文学常识普及推广的教学目标，这是语文教育的基本内容，出于对提高学生文化素养的考虑，大学生理应学习传统文化，了解在漫长的历史中，作者的命运转变和他们的创作理念之间的关系，这有助于学生更好地在课内外理解作家作品。第二，在原有的课程教学基础上增加语言技能和写作技能的训练，可以在每一个教学单元都设置相应的训练内容，以习题和思维训练的方式编排，比如朗诵、演讲、辩论赛、求职写作、交际语言等，难易程度要尽量贴近学生的接受水平，而且理论的比例不能过大，例文例题比例适当增大，教师可以适当增加小组讨论等教学形式，让原来单纯的教师讲授变为教师与学生随堂互动，成绩计入平时成绩，充分调动学生的学习积极性，也锻炼教师的课堂掌控能力，教学相长，实现双赢。第三，完善课程的评价体系。在现有的高等院校课程评价体系当中，衡量学生的标准就是分数，无非是平时成绩加上考试成绩，得出一个机械的分数，教师在这样的思想指导之下很难真正从各个方面灵活考核学生的所学所得，学生也很难脱离这个体系发展自己的能力和个性。职业汉语能力测试对学生的动手、动口能力要求与传统大学语文课程对学生的要求是截然不同的，如果单纯从卷面分数来衡量一个学生的技能水平，无疑是有失偏颇的。因此，应该在条件允许的情况下建立起一套科学的、高效的衡量学生能力的评估体系。除了课堂基本的教学流程外，额外添加相应的竞赛选拔制度，比如演讲比赛、诗歌朗诵比赛或者辩论赛，在实战中提高自己的语言水平。

此外，相关的社团活动也是学生十分乐于参与的学习形式，在社团工作中学生能拥有更多的自主性和主人翁的感觉，比如口才协会、文学社、话剧社等，学生在教师的指导下自己组织相关活动，承办校际比赛，一方面可以锻炼自己的语言应用水平，另一方面，也锻炼了组织能力和人际交往能力。多方面、多种机制的评价体系可以全面反映学生的整体能力，也能调动学生自主学习的兴趣，从而进一步让学生在职业汉语能力测试中获得更好的成绩。作为一名高校教师，尤其是语文教师，常为自己任教课程的被边缘化感到十分无力，同时，也为学生在求职道路上甚至工作过程中因各种实际能力欠缺而遇到的问题感到痛心。语文作为传统的基础学科，如果就这样任之消失而不做任何努力，确实让人深感可惜，很难想象一个大学生如果不能在三年或者四年的甚至更长的大学生活中得到更好的语言文字应用技能方面的教育，那学生在走入社会之后，将无法开展最基本的文字处理工作，这并不符合社会对高等院校教学的要求，也违背学生踏入高等学府学习的初衷。因此，改革现有的大学语文教学体系，使之更好地适应职业汉语能力测试的基本要求，让学生得到更多实质性的能力训练而非理论学习，都是迫在眉睫的事情。我们相信职业汉语能力测试是高等院校大学语文改革的最好依托，也相信这个测试能为广大的学生提供更好的就业平台。

（三）大学语文教学对汉语能力培养帮助度的调查

通过对常州信息职业技术学院300余名师生的调查，了解高校在校学生对大学语文课程的学习情况及语文教师对课程教学的评价情况。对调查数据进行了详细分析，在此基础上，提出高校语文教学中存在的问题及相应解决对策。

大学语文教学对提高汉语能力帮助度调查结果为：6%的人认为很有帮助，有必要开设；68.5%的人认为有帮助但是不大，但还是希望进行一定改革而开设；10%的人认为有帮助但是不大，没有必要开设；15.5%的人认为没有任何帮助，没有必要开设。具体如表7-3所示。

表7-3　大学语文教学对汉语能力提高帮助程度调查统计表

你认为当前大学语文教学对提高你的汉语能力有帮助吗？			
很有帮助，有必要开设	有帮助但是不大，但还是希望进行一定改革而开设	有帮助但是不大，没有必要开设	没有任何帮助，没有必要开设
6%	68.5%	10%	15.5%

二、大学语文课程对阅读能力的帮助不大

（一）高校学生阅读情况调查

1.高校学生阅读现状分析

问卷题目包括阅读习惯、阅读内容与方式、阅读环境、阅读效果4个方面，涉及学生阅读的时间、地点、数量、所选图书的类型、阅读的目的、阅读方法、阅读中遇到的困难、对待阅读的态度等内容。通过对问卷调查结果的分析，了解到高校学生的阅读特点。

（1）有浓厚的阅读兴趣

学生对阅读有着浓厚的兴趣，渴望通过阅读获取丰富的信息，以充实大学生活。在“获取知识的最佳途径”一题中，47%的学生认为读书是他们的最佳途径；在“是否喜欢阅读课外书籍”一题中，选择“非常喜欢”和“喜欢”的学生占53%；在“阅读主要的收获（多选）”一题中，选择“获取信息，开阔视野，更好地了解社会人生”的学生占77%，选择“提高修养，陶冶情操，提升人格力量”的学生占57%。由此可以看出，大学阶段的学生正处在即将步入社会的准备阶段，他们对社会、对生活的动态发展有着强烈的

好奇心，对自己的职业发展也有初步的规划，希望通过阅读了解有关社会发展、自我提高的各种信息，以提升自己的综合素质。

（2）阅读领域多元化

调查发现，学生的阅读领域广泛，呈现出多元化特点。在“你喜欢阅读哪类作品”一题中，占前三位的分别是“当代流行畅销书籍”（占 24%）、“各种经营管理书籍”（占 23%）、“中外优秀经典作品”（占 20%）。阅读的多元化倾向说明学生面对生活持有开放式心态，他们对各种信息都有好奇心，想要通过广泛阅读各类书籍以形成对社会生活现状的整体认知，这一方面是学生心智逐渐发展成熟的需求，另一方面也是他们为步入职业生涯做准备的需要。

（3）阅读目的侧重于提高实用技能

注重通过阅读提高自身的实用技能也是学生阅读情况的一个突出特点，通过 4 年的学习生活将要完成向职业人的转变，学校在职业技能资格证书等方面对学生也有明确要求，这种环境氛围影响了学生阅读的价值取向。如在“通过语文阅读希望获得何种能力（多选）”一题中，选择“提高交际能力”的学生占 61%，而选择“培养良好人文素养”的学生占 47%，这说明传统语文教学拓宽知识面、提高阅读鉴赏水平的作用在学生中已退居其次，学生更希望通过语文教学获取实用技能；在“怎样才能做到‘善读书’（多选）”一题中，选择“读书与运用结合，在学以致用上下功夫”的学生占 59%，远远高于其他选项，这也说明学生将是否有“用”作为他们选择阅读材料的重要依据。

2. 高校学生在阅读中存在的问题

虽然高校学生对阅读有着热情的期待，希望通过阅读提升职业技能，开阔文化视野，提高综合素养，但是他们在阅读方面也存在不容忽视的问题。

（1）阅读追求与阅读实践之间的矛盾

虽然学生对阅读比较重视，但是其阅读效果并不理想。调查结果表明，学生的阅读追求和他们的阅读实践之间存在冲突与矛盾，也就是说，学生的阅读实践路径并非正确指向阅读追求。这表现在两个方面：首先是阅读时间投入量低，在问及“每周课余读书时间是多少”时，选择“0 ～ 3 小时”和“3 ～ 6 小时”的学生共占 67%，而选择“6 ～ 10 小时”和“10 小时以上”的学生共占 33%；其次是阅读量偏低，在问及“一年大约读几本书”时，选择“0 ～ 3 本”和“3 ～ 6 本”的学生共占 60%，而选择“6 ～ 10 本”和“10 本以上”的学生共占 40%。结合学生阅读的特点来比照，学生有通过阅读来提升职业素养，完善个人修养的要求，但他们并没有投入足够的时间，当然阅读量也比较低，这就说明学生对阅读的重要性有认识，但是对如何实现阅读目标、如何提高阅读效果则缺乏理性的思考。

（2）缺乏有效的阅读指导

此外，调查结果也显示，学生在某种程度上也认识到自己的阅读存在一定的盲目性，并希望得到适当的指导。如在“你在阅读中最大的困扰是什么”一题中，选择“信息爆炸时代，无从选择，不知道该读哪些书”的学生占44%，而选择“功课太多”或“杂务繁忙”的学生分别占24%和15%，后两个远远低于前一个选项。以信息海量为特征的网络环境对学生而言更是把“双刃剑”，它具有信息丰富、获取便捷的优势，但也不可否认其存在良莠难辨、鱼龙混杂的劣势，给学生造成选择方面的困难。因此，在问卷中，45%的学生赞同“通过建立班级读书园地将学生的阅读情况公布于众”，39%的学生希望“多组织讲座、培训、读书交流活动”，以起到互相促进、提高的作用。

（3）有效资源利用率低

图书馆馆藏资源利用率不高，学生更多地把图书馆当作自习室来用，平时到图书馆借阅少，考试期间到馆率明显上升。娱乐类杂志的阅览量比较高，而馆藏典籍的借阅量低。由此可以看出，学生阅读内容的随机性比较强，倾向于快餐式阅读和休闲式阅读，对各类信息的获取浅尝辄止，缺乏系统阅读和深度阅读，造成大量阅读资源闲置。

（二）高校学生课外阅读情况调查

在网络信息社会快速发展的今天，学生知识来源的渠道日益复杂和多元化，这些客观因素对学生的审美观和世界观都形成了很大的影响，这次调查的目的是对学生的思想脉络和学习态度有个全面的把握和了解，以便于在教学工作中更好地引导和鼓励。

大学生思想活跃对新事物能很快地接受，正处于青春期的他们，生理上趋于基本成熟，此时也正是“自我意识”确立和价值观开始形成的时期，正是他们心理上的不稳定，从而导致他们的阅读倾向和关注的热点经常处于多变之中。

日本的心理学家研究过读书倾向的年龄变化。他用追忆调查法对2000多名学生进行了调查统计，并将读书的发展分为六个阶段。其中第四个阶段为故事期（10～17岁）；第五阶段为文学期（14～25岁）；第六阶段为思想期（17～29岁）。

大学生的读书倾向年龄变化就处于这三个时期，那么，学生阅读更倾向于哪一类？从阅读小说类别来看，有38%的学生对爱情、武打、侦探等题材的小说有着浓厚的兴趣。这些读物使他们对世界的认识，较多地带有主观的色彩。

通过对大学生课外阅读情况的调查，可以多渠道、多方位地对学生的心理机制进行剖析和研究，这对今后的教育教学工作有很大的帮助。教师可以对症下药，有的放矢，并进行正确的引导，从而提高学生的辨别能力，使他们不断用科学知识来武装自己的头脑，树立正确的人生观，不断提高道德修养。

三、大学语文课程对沟通能力的帮助不大

沟通能力是人的基本需要。大学生的沟通能力指大学生之间以及与其他社会人群之间沟通信息、交流思想、表达情感、协调行为的互动过程。大学生远离父母，具备良好的沟通能力是十分重要的，但这也是他们所欠缺的。大学生能否妥善处理好人际关系，直接关系到大学生的学习生活质量。

积极的人际交往和良好的人际关系对大学生学习、发展、成才具有重要的意义。一是大学生心理健康的保证。爱和归属的需要只能通过人际交往得到满足，良好的人际关系使大学生在心理上有安全感，有困难时能得到帮助，在思想上能保持与他人交流，这是心理健康的前提条件。二是能够提高大学生的学习积极性。拥有良好人际关系的大学生，情绪稳定，学习上有同伴，能够积极投入学习，学习效率高，并在竞争与合作中提升学习成绩。三是有助于大学生良好个性的培养。大学生在人际交往中通过与别人比较能发现自己的优缺点，找到自己学习的榜样，从而不断完善自己，形成良好的个性。四是促进大学生社会化。大学阶段是个体社会化的重要阶段。大学生社会化指大学生不断认识社会、适应社会，从而形成、发展和完美自己的人格并积极作用于社会的过程，是大学生向社会人转变的过程。参加各种交往活动是大学生社会化非常重要的途径。在与他人的交往中，大学生完成思想道德社会化、角色扮演社会化，使自己成为一个满足社会要求的人才。

大学生是一个日渐壮大的群体，他们的人际交往状况是怎样的？存在哪些问题？影响因素有哪些？学校能进行什么样的干预？其调查结果与分析如下。

（一）大学生对人际交往重要性的认识

接受访谈的大学生，尽管对人际交往的定义描述不同，但能反映出大学生普遍认识到了人际交往的重要性。一些学生认为，大学里交到的朋友是毕业后的人脉资源，自己的工作、生活各方面都会得到这些朋友的帮助。一位

男生这样说："在大学里，要好好与同学相处，多交朋友，走到社会上，谁也不敢保证不会遇到困难，哪一天有困难了，你帮他一把，他帮你一把。"一些学生还认识到，大学里的人际交往能使大学生不断完善自我。虽然受访学生对人际交往重要性的认识并不全面，但具有代表性，而且正是上述对人际交往的认识，成为他们积极参加各种活动的动力。从大学生的活动中也会发现，大学生人际交往活动活跃且丰富多彩，大学生在这些人际交往活动中的综合能力、思想修养得以提高，个性得以完善。

（二）大学生在人际交往中坚持的原则

1. 宽容是首要的原则

受访学生普遍认为，在与同学相处中应做到宽容。大学生活是集体生活，如果做不到相互包容和谅解，他们就无法正常生活和学习。大学生把宽容作为处理人际矛盾的原则，反映了大学生人际交往的成长过程。

2. 关心、帮助和分享是普遍的原则

大学生在一个集体生活，他们之间相互关心、相互帮助、乐于分享。这种和谐的氛围让大学生充分体会到集体生活的快乐，满足了他们爱和归属感的需要，有利于其身心健康发展。

3. 平等、尊重是基本的原则

大学生把在交往中受尊重看作基本的需要，平等和尊重是建立良好人际关系的前提。在学习和生活中，大多数学生都能做到尊重他人。

4. 诚实守信是共同信奉的原则

诚实守信是中华民族的传统美德，是一个人立身处世之本。虽然大学生在某些方面诚信缺失多有报道，但他们普遍认识到诚信在人际交往中的价值和意义，在与他人交往中大多数学生都能做到诚实无欺、信守诺言。

（三）大学生人际交往的特点

1. 交往圈子较为狭窄

受访学生普遍反映，多数一年级学生的交往局限于宿舍内，只有个别宿舍之间有频繁的交往，一个学年下来，同班同学还都不知道名字的情况并不鲜见。交往圈子的狭窄不利于大学生的成长和发展。

2. 交往活动的广泛性

多数大学生基于认识到人际交往的重要性，热心参加各种活动，在活动中结交不同专业、不同年级的学生。交往活动的广泛性一方面丰富了大学生的阅历，锻炼了他们的能力，另一方面也利于他们毕业后适应社会，但同时过多的人际交往活动占据了他们的学习时间，不同程度地影响了大学生的学业。

3. 交往目的的务实性

一些大学生除了日常与同学的交往，他们还会主动与某些教师、社会上不同行业的人士接触，建立人际关系。这些交往活动的目的明确，一方面为学到更多的专业技术、社会知识，另一方面为他们今后的发展、就业积累人脉资源。这说明大学生交往在满足情感需要之外，还考虑到对自己的影响和作用，交往具有务实性。

4. 交往对象的相近性

交往对象的相近性是大学生人际交往的又一特点。这里的交往对象指关系密切的室友或同学，可以说是朝夕相处、形影不离的“闺密”或者“铁哥们”。建立这种关系的学生之间往往在某些方面具有相近之处，家庭经济条件相近或者兴趣爱好相同。

（四）影响大学生人际交往的因素

影响大学生人际交往的因素包括主观因素和客观因素。影响大学生人际交往的主观因素有个性、人际交往能力、语言沟通能力。

调查结果显示，大学生人际交往状况总体良好，大多数学生能认识到人际交往在人生发展中的重要作用。人际交往态度积极，在人际交往中能坚持正确的交往原则，进行人际交往时会考虑到对自己的影响和作用，呈现出情感交往与务实交往并重的趋势。

第二节　大学语文教学现状调查与分析

通过对常州信息职业技术学院300余名师生的调查，了解高校在校学生对于大学语文课程的学习情况及语文教师对课程教学的评价情况。笔者对调查数据进行了详细分析，在此基础上，提出高校语文教学中存在的问题及相应解决对策。

一、调查情况

（一）调查背景

2006 年 9 月，国家发布《“十一五”时期文化发展规划纲要》，明确规定“高等学校要创造条件，面向全体大学生开设中国语文课”。同时，教育部高教司还出台了《大学语文教学大纲》（征求意见稿），许多高校也参照这份大纲来指导本校的大学语文课程教学。但各校在具体的执行过程中，出现了诸多问题。为了便于检测、衡量以职业活动为主的汉语应用能力，我国在 2004 年推出以纸笔方式测试应试者的阅读理解和书面表达的国家职业汉语能力测试（简称 ZHC）。ZHC 总分为 1000 分，凡 400 分以上者，可以获得中华人民共和国人力资源和社会保障部职业技能鉴定中心（OSTA）颁发的《职业汉语水平等级证书》。在北京、上海、浙江等地，许多高校已经认识到 ZHC 的作用与意义，从而自觉地将培养学生汉语实际应用能力作为自己的教育办学理念之一。但据了解，在常州的高校中，教师对 ZHC 的研究甚少，更别谈对其实践经验的总结了。

（二）调查方法

为了使调查结果更加具体、准确，我们主要采取的调查方法是问卷调查法。首先，针对 2012 级、2013 级在校学生发放问卷 300 份，回收 300 份，有效率达 100%。另外，还对 11 名语文教师发放调查问卷，并回收了 11 份。其次，采用了网络文献调查法。通过网络搜索论文、知名高校网站、各大门户网站等，了解各高校大学语文课程近况，并通过大量论文的研读，掌握学术层面上对于大学语文的研究情况。最后，还通过电话、网络通信软件、当面访谈等方式，对常州信息职业技术学院及常州科教城周边几所高校的师生进行了较为详细的访谈，与部分语文教师进行了有效的交流与探讨，深入了解了大学语文教学中存在的普遍性问题。

二、调查结果分析

（一）对大学语文课程的态度及看法

在相关调查中，当被问及“学生对大学语文课程的喜爱程度”时，过半的学生表示喜爱并认为有必要开设此课程。但在本课题组此次问卷调查中，只有 35% 的在校学生认为有必要开设语文课，有 20% 的学生认为没必要，21% 的学生认为无所谓。对于已经上过大学语文课的学生来说，44% 的学生对课程总体评价为一般，只有29%的学生表示非常喜欢，有15%的学生认为无所谓。在问到“什么原因会导致喜欢或讨厌大学课程”时，48%的学生认为是否生动有趣是喜欢或不喜欢这门课的主要原因，还有32%的学生选择由语文教师的个人魅力来决定对这门课程的喜好，22%的学生表示讨厌大学语文教师布置的作业。在参加问卷调查的语文教师中，有45%的教师觉得学校对学生的语文教育重视度一般，有27%的教师认为学校对语文教育不够重视，也有20%的教师觉得学校重视语文教育。

（二）对教学效果的评价

当被问及“语文类课程与学生的语文能力（听、说、读、写）是否成正相关”问题时，有48%的学生认为相关度一般，有25%的学生认为相关度比较高，有15%的学生认为相关度很高，认为相关度比较低的学生占8%。而被问及“学校的语文教学是否有效提高了学生各方面的语文能力”时，36%的语文教师认为效果一般，36%的教师选择比较有效，18%的教师选择很有效。从数据上看，超过一半的教师认为自己的课程教学对于提高学生的语文能力是比较有效的。不过，相比于近年来发表的有关论文中对大学语文教学效果的“高度”肯定而言，本次接受调查的语文教师对课程教学效果还是有比较清醒的认识。

（三）对大学语文教材的看法

在被调查者中，56%的语文教师认为，要统一教材但侧重点不同，44%的教师认为，应按专业特点编订不同教材。而在问到“学生对本校现有教材的看法”时，58%的学生表示比较满意，20%的学生表示非常满意，两项相加占到了78%。这表明本课题组所在学校这几年对语文教材的探索是有效的。

据了解，在2007年前，学校一直采用的是徐中玉主编的《大学语文》，侧重中国文学尤其是古典文学的欣赏。2008年，学校进入国家示范性高校建设，启动了公共基础课的改革，在教材的编订上，做了较大的尝试。目前使用的《高职应用语文》主要编著者全部都是本校语文教研室教师，教材内容涵盖四大模块——汉字书写、阅读鉴赏、实用写作、口才训练，入选的阅读鉴赏文章不仅有苏东坡、曹雪芹、海明威等文学巨匠的经典之作，也有文艺青年喜欢的穆旦、王小波、顾城、张晓风等，甚至还有姚明等励志文体明星的文章；在应用文写作方面，有针对文科性专业的商务文书，也有针对理工科的科技应用文，顾及了不同专业需求。

（四）对课堂教学方式的看法

对于大学语文教学方式，45% 的教师选择了专题式讲授，27% 的教师选择了讨论式，18% 的教师选择以指导学生自主学习为主；而学生对于这一问题的选择是，56% 的学生选择了看视频，36.6% 的学生选择课堂互动表演，7.6% 选择回答问题。在当面访谈学生时，问及为何喜欢看视频，学生表示因为教师讲课内容枯燥。而对于很多教师喜欢采用的回答问题法，绝大部分学生表示非常抗拒。

（五）对语文能力的看法

有 42% 的学生认为，语文能力对个人发展以及就业比较重要，27% 的学生认为很重要，认为一般的学生占 22%，还有 4% 的学生认为不太重要。对于大学语文课上掌握了哪方面的能力，48% 的学生选择了口语表达能力的提高，32% 的学生选择了语文常识的学习，15% 的学生选择了写作能力，11% 的学生选择了阅读能力。但是学生在回答“你认为哪一模块的语文能力最需要花时间学习”时，28.6% 的人认为是阅读鉴赏，24.6% 的人认为是实用写作，选择口才训练的有 27.6%，还有 15% 的人选择了汉字书写。在被调查的教师中，有 63% 的教师认为，学生最需要加强的是写作能力。显然，在具体的语文应用能力方面，学生对口语表达有较高的需求，而教师认为写作是重点。在实际时间的分配上，学生的目标性不突出，对于自己的语文应用能力没有较为清晰的认知。

（六）对课程考核评价方式的看法

44% 的学生选择大学语文期末考核方式为开卷考试，20% 的学生选择撰写文章，还有 25% 的学生选择演讲、朗诵表演等，只有 11% 的学生选择闭卷考试。对这一问题，受访教师则在访谈中表示倾向于闭卷考试，且最后的课程成绩由课堂表现、作业等多个子成绩组成，其中作业占 50% 的比重。从调查分析可知，有部分学生反映语文作业比较繁杂，且实际效用不大，尤其是练硬笔字等内容，完全是应付之作；并且在授课过程中，语文教师对作业的批改、讲评不及时，达不到书写作业对语文应用能力提高的促进作用。

（七）师资队伍情况

在学校专职语文教师中，教授、副教授、讲师之间的占比是 17%、50%、33%，博士、硕士、学士所占比例分别为 17%、50%、33%。从职称、学历上看，学院的师资力量比较强。但受访语文教师中，有 45% 的教师认为学校语文师资力量一般。在问及学生“结合你上过的语文课，你认为语文教师在以下哪方面能力最需要提高”时，54% 的学生认为教师需要提高“活跃课堂气氛的能力”，22% 的学生认为教师“口语表达”方式要改善，16% 的学生选择“要注重学生学习效果”，11% 的学生选择“关注学生的写作能力”。从这一数据中不难看出，学生对于语文教师能力的要求，与授课教师的职称、学历无关，学生看重的是语文教师实际授课过程中展现出的教学水平，尤其要求教师在口语训练、应用写作教学中发挥示范作用，给予切实有效的引导。

三、对大学语文教学的思考

（一）正确定位，拟定课程标准

高校的培养目标是专业技能型人才，从这一点出发去给大学语文课程定位，那它不仅仅是一门通识性人文教育课程，还应该具有工具性与人文性。根据国家职业汉语测试大纲的要求，ZHC 主要测查应试者运用汉语获得与传递信息的能力和逻辑能力，而非语文知识和语法概念。一定程度上，ZHC 与传统的应试语文测试有非常大的区别，它是一项能力测试，不需要“死记硬背”。目前，越来越多的用人单位更加重视从业人员职业汉语能力的实际运用水平。由此可见，高校大学语文课程新一轮的改革势在必行。而首先要做的就是对课程重新定位，明确该课程在人才培养过程中的地位和价值，参照 ZHC 的考试大纲，拟定包括课程性质、目的、要求、考核体系等内容的课程标准。

（二）构建师生高效双向沟通平台，改革教学模式

建构主义学习理论强调：教学不是简单的知识传递，而是知识的处理和转换。教师应该重视学生自己对各种现象的理解，倾听他们的想法，思考他们这些想法的由来，并以此为据，引导学生丰富或修改自己的解释。因此，教师与学生、学生与学生之间需要共同针对某些问题进行探索，并在探索的过程中相互交流和质疑，了解彼此的想法，教师必须关心学习的实质，以及学习者学习什么、如何学习和学习效率如何等问题，必须明白要求学习者获得什么学习效果。基于大学语文课程的特殊性，它承担着提高学生职业汉语能力的重任，无论是沟通交流能力，还是实用写作及阅读理解能力，都需要师生之间、学生之间的双向互动。传统的课堂即时性讲授已无法满足学生的实际需求，为此，要利用计算机、手机网络等新的沟通媒介，构建课外的双向沟通平台，如建立语文学习 QQ 群、微博、微信等公共平台，探索新形势

下的大学语文教学模式。

（三）加强语文教师的汉语培训力度

教师教学能力是影响一门课程教学质量的关键因素之一，它的提升既需要教师自身的努力，更需要学校对教师的关心和培养，也需要教师加强与社会各类组织的联系，寻求社会组织的帮助，并在对外交流中相互弥补，提高教师的专业实际应用能力。在高校从事大学语文教学的专职教师也应该与其他专业教师一样，定期去企业挂职锻炼，并寻求文案书写工作量大、与外界沟通频繁的工作岗位进行实地演练，从而不断提升自己的汉语实践能力，丰富自己的内在能力结构。

第三节　汉语能力培养存在的问题及原因分析

从调查结果显示：当前高校大学生普遍认为自己的汉语能力并不理想，通过开设大学语文课程来提高汉语能力十分有必要，但当前大学语文对提高汉语能力帮助却不大，归其原因有以下几点。

一、高校大学语文基础课不受重视

高校大学语文课程的设置多为半学期，而且每周能保证四学时的院校较少，这一方面从心态上影响教师的教和学生的学，另一方面使大学语文教学内容和教学方法的选择上出现矛盾：如果兼顾多方面的教学内容，教学中学生的中心地位就难凸显；如果教学中突出学生的中心地位，那么教学内容偏向性就会非常大。那么汉语各方面能力的实现就显得力不从心。

（一）语文基础课教学在高校教育中所处困境

1. 专业技能课与文化基础课的关系

语文是容纳量很大的一门学科，除了其本身的知识体系外，在日常的读、写、听、说活动中会大量涉及自然科学、社会科学知识。因此，语文教学是最不能与其他学科分割开来的。然而，当前高校的语文基础课教学与其他专业课的教学基本处于各自为政、互不相干的脱节状态，导致了部分财会专业学生学习了应用文的写作却不会写经济合同，机械专业学生学习了说明文不会写制图说明等怪现象的出现。这种语文教学理念缺乏专业针对性，学科本位意识使语文基础课失去了更广阔的生存、发展空间。

2.语文基础课教学中教师与学生的互动关系的缺失

教学是教师的教与学生的学的统一，这种统一的实质是交往、互动、发展。当前高校语文基础课教学中教师与学生的互动现状不容乐观。我们常见的这样的场面：教师在讲台上唱独角戏，不遗余力，口干舌燥。台下学生“自学”，甚至是呵欠连天，吵吵闹闹。然而，个别教师不问学生学到了什么，却自认为已圆满完成日常教学工作。

在学生方面，他们对语文基础课有一定的学习需要和学习兴趣。但由于学生文化素养参差不齐，在语文素养上有较为严重的欠缺，语文基础相当薄弱，语文知识贫乏。主要表现在：字、词、句掌握情况差；口语和书面语表达能力普遍较低；阅读能力较低等方面。虽然他们在不同程度上也意识到学习语文的重要性，但由于自身基础的薄弱，在实际学习过程中往往缺乏自信心和顽强的意志，往往是被动去学习，缺乏学习目标，学习目的不明确，在课堂教学中就很难跟得上教师教学进度，影响了语文基础课学习效果。

（二）语文基础课教学在高校教育中所处困境的原因

1.受市场经济功利性因素的影响

许多学生及其家长认为：上学只是为了学一技之长，有技术就能走遍天下，学不学基础课无所谓。而大部分高校为争得生源，迎合家长和学生需要，片面地认为：“大学教育仅指知识与技能的教育，忽视了对学生终身教育、人格塑造、人文精神培养等长期目标服务，在这种指导思想驱使下，各类学校几乎不约而同地把专业放在了‘空前绝后’的位置。语文教学则成为摆设、边角料，可有可无。”这种偏颇的观念使得短期内难显效果的文化基础课遭到冷遇。显然，这种观点和做法不利于大学教育本身和学生的可持续发展。

2.语文基础课教师在教学中缺乏创新意识

语文基础课教师对高校教育中语文基础课教学的重要性和应用的广泛性认识不足，部分教师错误地认为职业学校的文化课只不过是个点缀，可有可无。因此，大多教师在理论上怠于学习新的教育理论知识，在教学过程中，教学内容、教学方法上不求创新，仍采用一成不变的“一言堂”教学方法，使教育和教学流于一种单向的信息输出，教师的教与学生的学处于分裂状态，从而从很大程度上制约了学生思维和个性的发展。此外，大部分语文教师是为语文而教语文，对专业课缺乏了解，在教学过程中忽视了语文课与专业课的关联性，让学生不能感受到语文学习带给专业学习的好处，导致学生对文化基础课的漠视。

3. 学生缺乏正确的学习态度

学生缺乏正确学习态度的重要原因之一在于对语文基础课教学的重要性的无知。大多数学生对文化基础课对自身发展重要性的认识有偏差。多数学生认为："上大学只是为毕业后找份工作，至于是否是为了多学一点文化知识，提高自身文化素养，从来没有想过，也觉得文化水平的高低与将来当工人没有多大关系。"并且在某种导向性的影响下，他们的学习动机很大程度上体现出功利性的特点，学生"重专业（课）轻文化（课）"的现象比较明显。

据调查，认为语文学习对高校生"很重要"和一般的学生各占31.13%和47.40%，过半数（59%）的学生对学习语文只是"一般"程度的喜欢。流行于校园的口头禅："上课记笔记，下课抄笔记，考试背笔记，考完全忘记，毕业扔笔记。"或许这就是一些学生学习态度的真实写照。

二、缺乏对汉语能力培养认识

每个学校、每个专业都会根据学校自身条件、学生条件、教学条件制定相应的人才培养方案，而人才培养方案中每门课程的设立都是以学校人才培养总目标为原则而设定的，都有其科学性和可行性。高校是围绕"学业、就业、职业"来制定教学方案的，那么人才培养方案中的每门课程都是以此为中心的。

（一）语文课程中的人文素养

《现代汉语词典》对"人文"的解释是："指人类社会的各种文化现象。""指强调以人为主体，尊重人的价值，关心人的利益的思想观念。"对"素养"的解释是"平日的修养"。所以，我们可以将人文素养理解为，由人的人文科学的知识、观念、修养、情感、意志、品质、研究能力等诸多要素综合而形成的人的内在品质，它集中表现为一个人的知识水平、思想道德品质、情感、气质、能力、修养等。

在大学持续扩招和就业难的大背景下，职业教育依靠政府的大力投入与其入学门槛低和超高的就业率、家庭投入见效快等优势受到很多学生的追捧。然而，眼下一个不争的事实是：高校的学生专业素养过硬的同时，人文素养却严重缺失，一部分学生知识贫乏、情商低，贪玩、厌学、偏执、自律意识薄弱、纪律观念淡薄、缺乏自信等。一些高校为了尽快地做出成效，一味地注重学生专业技能的训练，这本无可厚非，但这样培养出来的学生也有很多的缺点，这些学校过分追求专业成绩而忽视了学生整体素质尤其是人文素质的提高。人文精神和人文素质是大学一切责任的内涵，失去人文精神的大学是不负责任的大学，因而不再是真正的大学。学生的人文素养教育，可以说大学语文课有着不可推卸的责任。在当下教学课程改革中，必须把语文课程改革与学生的人文素养教育有机结合起来，只有提高学生的人文素养才能增强其综合素质，让其更好地全面发展。

（二）语文课程改革要求学校给予人文素养教育足够的重视，为人文素养教育营造良好的氛围

高校没有了升学的压力，为追求职业的单一发展，一些公共基础课程的课时被大量压缩，有些基础课程甚至被取消，使得基础教学支离破碎，语文课也不例外。语文课程改革必须有学校的直接加入，发挥学校的牵动作用。我们希望这些学校能尽量保证语文课程的课时，以便于教师更好地对学生进行人文素养的教育。我们的教育即使是以掌握技术为主的职业教育也要关注人文性，注重学生的全面发展，注重其品格、品位的提升，注重学生学习过程的愉悦性，注重人文素养的培养，而语文课程就是实现这一目标的重要途径，需要高校给予足够的重视。

要提升学生的人文素养，高校必须为其营造良好的氛围。从办学理念、教学计划、学期安排等环节进行渗透。在全校范围内组织丰富多彩的课余活动，开展知识讲座、知识竞赛以及文明礼仪的宣传学习等。从领导、教师到学生形成互助互爱、互相学习的和谐环境，在逐渐熏陶中，学生的人文素养自然会得到提高。

（三）语文课程改革要形成大语文学习观

以前我们只强调语文的工具性，所以我们传统的语文学习只是注重基础知识的学习和基本技能的训练，外加一些读写的训练，这远远不能满足学生的全面发展的需要，不利于人文素养的提升。当然，不是说基础知识就不重要，基础的重要性不言而喻。语文的工具作用也要为语文本身服务，那就是利用这一工具更好地为人文性做保障。要想提升学生的人文素养就必须树立大语文的学习观，不仅要学习字词、语法等基础知识，更要学会用基础知识去指导学生自学文学、文化等内容。有了问题不要说这是哪门课该学的，不是我的课程内容我就不讲，而要把天文、地理、政治、经济、历史、礼仪、文学等都放在要学习的范围内，让学生接受这些教育，主动去学习这些内容，知识多了就能融会贯通，方法掌握了就会主动学习，从而提高学习效率，使学生在潜移默化中提高人文素养。

（四）课程改革要强调教师的人文素养

现在不读书已经成为学校的普遍现象，不仅学生不读，很多教师也不读，这严重影响了教学的质量。古人云：“师者，所以传道、授业、解惑也。”教师不仅要传授知识，更重要的是要启发学生，让其形成良好的学习和思考的习惯，为其以后的终身学习打下良好的基础，这需要我们教师必须有更高的水平，不仅专业知识扎实，还要博览群书，见多识广，深刻思考问题。只有教师自己的头脑丰富了，人文素养提高了，才能教好学生，才能影响他们对学习思考和人文素养的重视。这几年关于语文教学的理念很多，可谓满天飞，我们进行课改，迫切需要提高教师素质，提高语文教师对文本的解读能力。如何提高语文教师的文本解读能力和素养呢？钱理群先生认为语文教师“要做一个有思想的语文教师”。教和学在很大程度上是思想碰撞的过程，教师只有自己见多识广，有丰富深刻的思想之后才能与学生进行对话；而不仅仅局限于听、说、读、写的范畴，读书比较杂，什么类型的书都读，各种知识都涉猎，也不需要太深，知识杂了之后就能够融会贯通。布鲁纳说：“教师不仅是传播者，而且是模范。”所谓“学高为师，身正为范”就是这个道理，教师只有自己做得好了，才能推陈出新，左右逢源。

（五）语文课程要改革教学的内容和形式

现在学生使用的大学语文教材种类很多，良莠不齐，很多教材只注重基础知识的训练，编写思路仍旧停留在工具性的层面，编写体例也很古板，教师教起来费劲，学生学起来也很枯燥；另外一部分教材就是过分注重文章的赏析而忽视了基础知识的学习，所有事物都是过犹不及，完全赏析会使学生同样感到疲惫。而知识的陈旧使得部分选文跟不上时代发展的需要，这是影响学生学习兴趣和效率的因素。部分学校的语文学习形式也走了极端，要么是教师拿一支粉笔讲解整整一堂课，要么是所谓的现代化教学，学生跟着教师的多媒体浏览很多的图片，听一些优美的音乐，但这些效果都不理想。要提升学生的人文素养，就必须要找到教材和学生学习兴趣的最佳切入点，教师用最少的时间提高学生的学习领悟能力和学习的自觉性。

（六）语文课程的改革须注重与专业课程的结合，提升学生的专业素养

在高校教育教学中，广大教育工作者更注重的是公共基础课怎样更好地为专业课服务的问题，在市场化的今天这本无可厚非，但如果把基础课尤其是语文课与专业技能课程能够很好地结合起来，让学生通过对语文课程的学

习能更多地理解和运用专业知识，提升学生的整体素质，这就达到了教学的目的。学生能提高自己的人文素养，从而把人文素养运用到对专业课的学习以及对职业生涯的认识中，进而提高其专业和职业素养。当然学生专业和职业素养的提高必然会进一步要求其对人文素养的追求，这样在语文课程和专业课程间就会形成一个良性循环，其最终结果必然是学生综合素质的全面提高。

根据调查可看出，各高校十分肯定大学语文课程在整个课程体系中的存在性，但是各院校大学语文课程定位未能凸显汉语能力的培养，当前大学语文课程定位大多以培养学生人文素养或写作能力为主要目标，经调研认为培养学生人文素养的课程定位不符合高校教学实际和学生特点，这是一种十分空洞的定位，这样的定位必然导致大学语文课程教学本身的空洞。而把大学语文课程定位为培养学生写作能力，忽略读、听、说是一种没有积累的架空。可以说大学语文课程在培养学生汉语能力的认识上的欠缺，是当前汉语能力培养现状不佳的根本原因。

三、语文课堂无法发挥主体地位

前上海商学院副院长冯伟国教授曾说道：“在德国的职业院校中，没有课堂像中国这样，由教师滔滔不绝，一直讲，教师布置学习内容、作业，学生课下完成。课堂上汇报作业，大家一起来批评讨论。”

教学方法是课程教学的实施阶段，直接影响到教学内容能否得到实施，教学效果能否得到实现。对大学语文教学方式进行调查，从调查结果看，大多数教师采用的教学方法还是以“教师讲，学生听”即讲述式为主，可以说号称能培养学生人文素养和听、说、读、写能力的大学语文课程演绎方法是：“一个人、一张嘴、一支粉笔、一块黑板外加一纸教案。”而且课堂演绎方法的效果便是：号称是锻炼学生的语言表达能力，实际锻炼的是教师一人语言组织能力和自我演绎能力；号称是增强倾听能力，实际变成课堂是教师的事，学生是人在课堂，心却不知游离于何处，那倾听能力就无从谈起。

四、教学评价内容未能体现语言能力

语文教学评价是指根据语文课程标准对语文教学目标的实现过程和结果所做的价值判断，它包括语文教学中教师活动和学生活动两个方面，主要针对教学活动中学生语文素养的培育进行诊断、反馈、评定。它是语文教学的重要环节之一，对语文教学目的、语文课程目标的实现起着至关重要的作用。随着新课程标准的实施及语文课程改革的不断深化，语文教学越来越重视评价在语文教学中的向导作用。人们从认识论的角度加以理论研究，概括其内涵，总结其特点、功能；或从方法论的角度归纳语文教学评价的具体做法。作为语文教学的重要组成部分，教学评价依然采用陈旧的评价模式，评价内容片面、手段单一、主体绝对。教师教得辛苦吃力，学生学得索然无味，不能体现语言能力的有效性。

（一）语文知识是评价的主要内容，评价内容片面化

大学语文教学评价由平时成绩与语文考试两部分构成，平时成绩包括课堂表现、语文作业、读书情况、语文活动等，该项评价没有相应的评价标准，大多根据语文教师对学生平时的印象进行量化，评价的随意性较强。语文考试包括期中、期末两次考试，考试内容往往囿于语文教材，教材所选篇目的作家、作品、文学常识、名篇背诵、词语积累、问题解答（课文内容、主题、写作方法等）常常是语文考试必不可少的内容，其比重在整个语文试卷中占60%，而语文能力、语文素养考查仅占40%。

从语文评价构成及语文考试试卷结构可以看出，大学语文教学评价内容比较片面，其片面性主要表现为重语文知识考查，轻语文能力评价。本来学生个体对文体知识、词汇知识、作家作品知识的习得、保持可以不断地建构学生的认知结构，更好地促进学生听、说、读、写等语文能力的提高。但大学语文考试对学生语文知识的考查仅仅停留在学生“知”的层面，只局限于让学生将“印刻”在大脑中的语文知识简单地再现出来，没有将它们有效地提取和运用，因而导致这种知识考过以后就被学生迅速遗忘，起不到提高学生语文能力、语文素养的作用。而且这种考试导致学生对语文学习产生了错误的认识，学习语文就是死记硬背；语文课听不听也无所谓，考前突击效果显著……因此出现了令许多语文教师头疼的大学语文课堂，学生昏昏欲睡，心不在焉；课堂氛围死气沉沉，兴味索然；教师唉声叹气，学生怨声载道。一篇篇充盈着人文精神、智慧思想的名篇佳作在大学语文课堂上却无法让师生之间擦出交流的火花，师生对话、交往、探究、碰撞的激情场面在大学语文课堂上也很少见到。原因是多方面的，但语文考试内容所起的消极导向作用难辞其咎。

如何改革大学语文试卷考试的内容，强调语文与社会生活、学生生活的联系，关注学生语文学习的全过程，重视学生语文能力、语文素养的养成教育，是大学语文教师无法回避且必须努力探究、思考的重要课题。

（二）语文教师是评价的唯一主体，评价主体绝对化

语文教师是大学语文教学评价的唯一主体。无论是平时成绩，还是语文考试，其评价的决定权均在语文教师。就平时成绩而言，评价的依据——语文作业是教师布置的，评价的标准是教师制定的，评价的结果是教师给定的，学生没有也不能参与任何评价。即使像阅读这种带有强烈个性化色彩的语文心智活动，如今在大学语文教学中也带有浓厚的强制色彩，当然造成这种现象的原因是多方面的，但评价主体的垄断性是导致这种现象的原因之一。至于语文考试，教师的绝对主体地位尤为显著。因为考什么、怎样考均由语文教师决定，且考试结果又是语文教师评判学生语文学习的主要依据。教师在整个评价体系中“独霸天下”，具有绝对的权威性和独断性。这种教学评价其核心是对被评价对象进行有效的控制并使其改进，所产生的负效在大学语文教学中尤为突出。

1. 它违背了语文教学评价“促进学生发展”的核心目标、终极目标

“促进学生发展”应该是语文教学评价的出发点和归宿，但大学语文教学评价未能体现出这样的评价目的。以教师为唯一主体的评价体系，严重挫伤了学生语文学习的主动性、积极性。学什么、为什么学、怎样学本是学生自己该思考、行动、完成的事，结果全由教师一手包办了，学生始终在教师的支配下学习。在这种评价体系下，学生逐渐养成了被动应付的习惯，也逐渐丧失了语文学习的兴趣，甚至逐渐将语文学习边缘化了。促进学生的发展、培养学生终身学习的本领终成空谈。

2. 它淡化了大学语文教学评价的功能

语文教学评价具有多种功能，如评定、选拔、检查、诊断、反馈、激励、发展等。大学语文教学的评价功能有别于普通高职，它不受升学的限制与束缚，是真正检测学生语文学习、语文能力、语文素养和激励、促进学生发展的手段，理应以检查、反馈、诊断、激励、发展为主，真正着眼于学生未来的发展、一生的发展，通过评价使学生形成自我认识、自我教育、自我进步的能力。但以教师为唯一主体的语文教学评价无法实现这些评价功能。因为评价的信息通道是单向的、狭窄的，甚至是不畅通的，它不能完全准确地诊断出学生语文学习的真实情况，也不能激发学生语文学习的内在动机，容易诱发学生的不满、牢骚等负面情绪。此外，一直处于被动地位的学生不可能自觉、主动地回顾、反思、总结自己前期的语文学习行为，更不可能确信自己有能力进行相关的语文学习活动，自我效能感低，语文教学评价的反馈功能也无法落实。

（三）考试成绩是评价的主要指标，评价手段单一化

大学语文教学评价中考试成绩占整个评价的70%，其中，期中考试占30%，期末考试占40%。考试成绩成为衡量学生语文学习状况及语文水平的主要评价指标，考试也成为大学语文教学评价的主要手段。固然，任何一门学科的学习都离不开考试，作为结果性的评价，它在一定程度上能检测、反馈学生某方面的学习状况，是教学评价的重要组成部分。但夸大考试的评价功能（特别是笔试的评价功能），甚至以考试评价代替其他评价手段是违背教育教学规律的。

①考试的分数具有偶然性、局限性，它不能准确无疑地表达其测试内涵。语文是语言的学习，学生的语言能力就是对这种语言听、说、读、写的综合运用，这是以笔试为主的评价方式无法检测的。更何况语文知识比重达60%左右的大学语文试题本身的信度就值得质疑，这样的考试分数能说明什么？如果学生语文考试的结果与语文实际水平之间没有正相关性，那么，我们就有理由质疑这种以考试成绩量化为主要评价指标、以书面考试为主要评价手段的语文教学评价的有效性。

②学生学习语文的态度、兴趣、意志、情感、品质、人生观、价值观等非智力因素无法以量化的笔试进行评价。

这些内容的评价必须借助师生之间、生生之间在日常语文教学活动过程中的交往、沟通、观察、思考来进行评判，不能立竿见影地获取，只能在语文教学活动中，通过长期的学习逐渐形成。所以无法量化的东西一旦量化后，它带给人们的不是科学的数据，而是掩盖评价事实、阻碍学生发展、扭曲评价功能的伪评价。

③考试评价以数据的方式呈现，其结果冰冷、简单，对学习成绩中等以下的学生缺乏激励作用。

高校培养模式已由过去的精英化教育转为大众化教育，特别是在生源急剧下降的今天，部分学生基础和习惯较差。如何让这些孩子在遭遇了中考失败后还能在课堂中树立自信，找到自我，获得成就感，是每一位教师应努力践行的一大课题。因为这些学生特别是基础年级的学生正处在人格形成最关键的时期，他们的自我意识、自我认知都将在这一时期逐步形成。如果语文教学评价只注重考试成绩的纯数据量化，那么，久而久之，它将会挫伤大部分学生语文学习的积极性，甚至还会左右学生的价值判断，进而对学生的自信心、身心健康等产生不良影响。杜威说：“人的本质里最深远的驱策力就是希望具有重要性。”关切、赏识、激励、期望等富有人文关怀的教学评价

（描述性评价语言）将会激发学生向上、向善的内驱力，并不断追求进步和发展。反之，则可能挫伤学生的心灵，致使其陷入人生的茫然境地，失去求知、求真的原动力，制约他们未来的发展。

教师用一次次的点名把学生框在课堂，以他们课堂上一声“到”为高分的砝码，那课堂上思维活跃、积极参与的学生就很难在大学语文课程最终的评定中找到平衡；一张张的试卷，学生采用考前突击，都期待最后一堂课上教师发号施令：“开始画重点了，你们认真点啊！”可是最终在看到学生认真写出的一个个正确统一的答案时，语文教育工作者在感慨学生无知的同时，更应该感慨语文教育的失败。大学语文课程在考核内容设置上已经认识到语文课程考试不能仅考查学生的识记能力，更多的应该充分调动学生的主观能动性，但其大多停留于对人文思想的认识，对语言文字的实际应用涉及很少。总之，大学语文课程面临让学生产生“想说爱你却很难”的苦恼，大学语文课程自身难辞其咎。首先，大学语文课程没有找到与高校学生相切合的课程目标，最终导致定位不明确；其次，职业汉语能力为大学语文教学与生活、与职业紧密联系起来指明了方向，但是在当前大学语文课程却没有以此为方向去展开教学。

参考文献

[1] 程平. 微课与大学语文教学 [J]. 湖北师范学院学报（哲学社会科学版），2016，36（02）：126-128.

[2] 温小军. 中华优秀传统文化融入语文课程：实践样态与改进路径 [J]. 中小学教师培训，2016（03）：38-42.

[3] 温小军. 语文课程传承中华优秀传统文化的困境与突破 [J]. 教学与管理，2016（01）：36-39.

[4] 张立英，朱敏. 中华优秀传统文化教育与高职语文教学的融合策略 [J]. 语文建设，2015，（35）：26-27.

[5] 侯家华. "微课"视域下高职语文教学改革的思考 [J]. 中国成人教育，2015（17）：156-158.

[6] 张鹭. 试论大学语文教学与人文素质培养 [J]. 黑龙江高教研究，2015（08）：142-144.

[7] 夏文斌. 中华优秀传统文化与大学精神 [J]. 石河子大学学报（哲学社会科学版），2015，29（03）：125.

[8] 郭海军，张旭东. 中华优秀传统文化教育与大学语文课程建设 [J]. 东北师大学报（哲学社会科学版），2015（02）：181-184.

[9] 韩玉. 大学语文课程改革对提升高职学生人文素质的路径探索 [J]. 中国校外教育，2014（33）：193.

[10] 张冰洋. 大学语文课程改革初探 [J]. 吉林广播电视大学学报，2014（09）：127-128.

[11] 熊婕. 网络语境下的大学语文教学策略浅论 [J]. 湖北第二师范学院学报，2014，31（09）：101-104.

[12] 王冬梅. 大学语文课程改革的探索与困惑 [J]. 吉林省教育学院学报（中旬），2014，30（08）：55-56.

[13] 刘芳. 关于高校大学语文学科定位及课程建设的思考 [J]. 淮北职业技术学院学报，2014，13（01）：90-91.

[14] 张福贵. 大学语文教学的学科定位与功能特性 [J]. 中国大学教学，2014（01）：48-51.

[15] 张小明．大学语文教学与学生网络语文素养的提升 [J]．安徽工业大学学报（社会科学版），2013，30（06）：109-110.

[16] 周洪波．大学语文教材本质与价值追求探究——基于消防院校《大学语文》教材运用价值释析 [J]．语文建设，2013（08）：7-8.

[17] 蒋承勇，云慧霞．大学语文教学与大学生人文素养培育 [J]．中国大学教学，2013（02）：53-55.

[18] 李黛岚．谈大学语文多媒体教学与拓展大学生人文素质教育 [J]．中国成人教育，2013（02）：177-179.

[19] 田猛，刘华，薛宝林．网络环境下高职院校文化素质教育的缺失与重构——以“大学语文”课为例兼论其他 [J]．黑龙江高教研究，2012，30（12）：121-123.

[20] 张红梅，张远东．大学语文课程的定位与改革浅探 [J]．语文建设，2012（22）：47-48.

[21] 秦朝晖，傅书华．论大学语文课程的定位与内容构建 [J]．教育研究，2012，33（11）：78-82.

[22] 黄宏姣．浅谈网络背景下高校大学语文教学 [J]．科教文汇（上旬刊），2012（10）：78-79.

[23] 王新惠．将大学语文专题化教学提升到课程建设的高度 [J]．中国大学教学，2012（04）：55-57.

[24] 罗琦．《大学语文》网络课程的研究与实践 [J]．语文教学通讯·D刊（学术刊），2011（Z1）：104-107.

[25] 张福荣．论大学语文与应用型人才人文素质培养 [J]．江西教育学院学报，2011，32（04）：88-90.

[26] 刘超．试论大学语文教学与高职学生人文素质的培养 [J]．天津市财贸管理干部学院学报，2011，13（02）：47-49.

[27] 胡妍．大学语文网络课程建设存在的问题及建议分析 [J]．南昌大学学报（人文社会科学版），2010，41（S1）：81-83.

[28] 纪楠．浅谈大学语文对大学生人文素质的培养及意义 [J]．黑龙江教育学院学报，2010，29（11）：41-42.

[29] 程嫩生，陈海燕．论大学语文教学与大学生人文素质培养 [J]．中国成人教育，2010（21）：95-97.

[30] 舒立辉．网络环境下构建大学语文教学新模式的探讨 [J]．理论观察，2010（04）：151-152.

[31] 洪山，杨锦鸿．论高职院校《大学语文》教学与学生人文素质培养

[J]. 皖西学院学报，2010，26（03）：136-140.

[32] 刘超. 浅谈网络环境下的高职大学语文教学 [J]. 天津职业院校联合学报，2010，12（03）：50-52.

[33] 强金国. 文化素质教育背景下的大学语文课程建设刍议 [J]. 顺德职业技术学院学报，2009，7（04）：71-74.

[34] 周立群，肖建春. 分科与选择：突破大学语文课程改革的瓶颈 [J]. 教育探索，2009（05）：20-22.

[35] 张晶晶. 关于大学语文课程改革的思考 [J]. 西安社会科学，2009，27（01）：155-156.

[36] 杨小敏. 网络环境下大学语文教学改革对策 [J]. 沈阳农业大学学报（社会科学版），2009，11（01）：78-80.

[37] 张冬梅. 大学语文教学与人文素质教育 [J]. 现代教育科学，2008（11）：65-67.

[38] 卢矜，冯梅. 大学语文课程价值认知与课程改革探索 [J]. 河北师范大学学报（教育科学版），2008（08）：54-56.

[39] 海萍丽. “大学语文”的价值与课程定位 [J]. 教育与职业，2008（23）：99-100.

[40] 张春田. 我国高等院校大学语文课程设置的价值研究 [J]. 当代教育论坛（学科教育研究），2008（07）：60-61.

[41] 陈昌云. 多媒体网络环境下大学语文新教学模式的构建 [J]. 教育与职业，2008（17）：69-70.

[42] 孟德腾，黄芙菊，刘彦宏. 网络环境下的大学语文教学模式探究 [J]. 中国教育信息化，2008（11）：86-88.

[43] 邱丽梅. 关于大学语文课程改革的思考 [J]. 东北财经大学学报，2008（03）：92-94.

[44] 张绍红，张俊. 论大学语文教学与学生人文素质的培养 [J]. 教育与职业，2006（35）：102-103.

[45] 李明. 大学语文课程建设论略 [J]. 咸宁学院学报，2006（04）：153-154.

[46] 黄保安. 关于大学语文课程建设的几点思考 [J]. 伊犁教育学院学报，2004（03）：128-131.

[47] 刘汭雪. 生态学视阈下的大学语文教学研究 [D]. 重庆：西南大学，2016.

[48] 李淳. 中华优秀传统文化教育的系统性与整体性研究——对中华优

秀传统文化教育融入高校本科思想政治理论课的探索 [D]. 荆州：长江大学，2016.

[49] 常建宝. 微课在大学语文课程教学中的应用研究 [D]. 桂林：广西师范大学，2016.

[50] 高世华. 中华优秀传统文化与高中语文必修教学的融合 [D]. 长沙：湖南师范大学，2015.

[51] 伍红霞. 案例教学在《语文课程与教学论》课中的应用研究 [D]. 漳州：闽南师范大学，2015.

[52] 张超超. 大学语文课程价值研究 [D]. 太原：山西大学，2014.

[53] 张祥平. 中美大学的语文教育比较研究 [D]. 武汉：湖北工业大学，2014.

[54] 周伟. 杨再隋语文教育思想研究 [D]. 武汉：华中师范大学，2014.

[55] 王艳随. 基于 SNS 网络的主题式学习设计与应用研究 [D]. 保定：河北大学，2014.

[56] 张丹绮. 《大学语文》课的德育功能研究 [D]. 太原：太原科技大学，2014.

[57] 黄红立. 中华优秀传统文化融入大学德育工作研究 [D]. 长沙：湖南大学，2013.

[58] 张松竹. 我国高职院校大学语文教学管理的困境与发展研究 [D]. 秦皇岛：燕山大学，2013.

[59] 金红. 中华优秀传统文化与《大学语文》[D]. 拉萨：西藏大学，2012.

[60] 朱媛. 母语危机下的大学语文教学策略 [D]. 武汉：华中师范大学，2010.

[61] 张妍. 大学语文课程改革研究 [D]. 扬州：扬州大学，2009.

[62] 李小琼. 中国大学语文教材选文问题研究 [D]. 长沙：湖南师范大学，2009.

[63] 倪蒙. 高职院校大学语文教学困境与对策研究 [D]. 长春：东北师范大学，2009.

[64] 王继红. 大学语文课程性质与教学目标研究 [D]. 吉林大学，2008.

[65] 梅健. 大学语文与中学语文教学的衔接问题 [D]. 重庆：西南大学，2005.

[66] 黄勇长. 语文新课程与高考改革研究 [D]. 福州：福建师范大学，2003.

[67] 鲁敏．语文活动式教学研究——基于课堂文化的视角 [D]．上海：华东师范大学，2012．

[68] 李航宇．当前大学语文教学实施人文素质教育的主要问题与对策研究 [D]．长沙：湖南师范大学，2011．

[69] 贾莹．大学语文课程定位与目标研究 [D]．长春：东北师范大学，2011．